禅的生活のすすめ

NORITAKE SHUNAN

則竹秀南

春秋社

禅的生活のすすめ

目次

I

Ⅲ

禅的生活のすすめ

I

禅的生活を生きる

正月を迎える

今年も無事に正月を迎えましたが、京都は朝から快晴でした。ここからは初日の出は拝めませんが、いろんなところで初日の出を拝まれたのではないでしょうか。

今年は亥年、イノシシの年です。イノシシにまつわるいろんなものがありますね。イノシシと我々の先祖の関わりは旧石器時代からだそうです。今もそうですが、人類のタンパク源として命を頂いた、食べたということです。昔から先祖はイノシシへの感謝の気持ちを持っていて、その神事がけっこう残っているようです。縄文時代も同じで、我々の先祖はイノシシを大切にしたと同時に、農耕民族でしたから、畑を荒らされる害もある。豊作を祈って神事をしたようです。

十二支の中にイノシシが入っているのは日本だけです。中国は豚です。どうしてイノシシになったかというと、十二支が入ってきた頃、日本は豚が家畜化されていなかったという話があります。猪突猛進などと言います。まっすぐ行くというのはいいことですが、それればかりではいけない。バランスを取っていくということは現代社会では大切でしょう。

今年の勅題は光。光といえば、旭光、和光同塵、電光石火、光陰矢の如しなどと言いますね。人間にとって、光はその初めから大切な、なくてはならないものでした。日本人にとっても、なじみ深いものですね。

和光同塵は、仏様が衆生済度のために己の威光を和らげたお姿で世俗の世界へ入っていき、世俗の人々と暮らしていくという、仏教の究極のところです。その一つの姿が布袋さん。お腹の大きい、袋をぶら下げた姿です。キリスト教ではサンタクロースですね。姿が同じ、いいお姿だと思います。

電光石火はイナズマです。雷。恐ろしいもの。地震・雷・火事・親父といいますね。親父の威光は少しなくなったけれど、この頃は火事も多いですね。アメリカの大森林などは自然発火もするのですね。怖いですね。ロサンゼルスなどは、あれだけ乾燥していたら、木々が擦れて発火する。日本では自然発火というのはあまりないでしょう。野焼きの後始末が悪ければありますが。

電光石火、イナズマの一瞬のうちに訪れるおそろしさ。一瞬のパワー。これを自分たちの禅の働きとして、こうあらねばならないと、日常の生活の中で、電光石火の働きを先輩は後輩に指導し、後輩たちもそれにならって、禅僧の姿を求めたのです。

光陰矢の如し、一日一日、あっという間に過ぎ去っていく。これも禅僧たちが時を大切にして、「時、人を待たず」ということで、やっていったものです。時間は刻々と過ぎ去る。一刻一刻を大切にしなくてはならない。常に無常であるのだから、気をつけないといけない。死に向かっていくのですから、気付いたら棺桶の中におった、ということになる。

そんなことで、今年も新年を迎えました。去年は信者さんのおかげで、宮中の賢所を参拝しました。二回目です。勿体ないことですね。去年の秋に、平成も終わりですから、お参りに出掛けませんか、と誘われて。謹んでお参りしてまいりました。中央に天照大神、右側に八百万の神、左側に皇霊神がお祀りされている。代々の天皇さまがいらっしゃる。天皇陛下しかこの賢所の内へお参りはできません。

私が思うには、日本国民、日本人というのは、やはり天照大神さんでしょうか。もちろん私は仏教徒ですから、仏を信じていますが、天照大神もご先祖さんのお姿として拝んでいます。

お詣りといえば、京都では昔から、蟻の熊野詣で、という言葉がありました。そして愛宕さんには月参り、というのが京都の人たちです。毎月のお参りはしんどいですが、私は年に一度は愛宕さんにお参りしてきました。

ただ、登るのはいいのですが、怖いのは帰りの下り坂。油断をするとストンといく、

9　禅的生活を生きる

落ち葉があるから滑るんです。七七歳の時に、登る勢いはあったけれど、まてよ、登って帰りに滑って足腰やられたらおしまいやな、と思って。周りからも止められて、私も「生命欲」が出たというのか、それからは寺から手を合わせています。

今年は登山家の三浦雄一郎さんが挑戦しているでしょう。まだまだ登って行こうという意気込みはすごい。お供をする人も大変だろうと思いますが。まあ、そういう多くの方々のお力で、我々は生かしていただいているということです。三浦さんもそういうスタッフの中でできる、ギネスを達成できる。そんなことを思って正月を迎えました。

生まれた縁

中国に黄龍和尚というすばらしい和尚さんがおられて、この人が修行者へ質問しました。「人々これ生縁のところあり。いかなるかこれ汝が生縁のところ」と。一人一人に生まれた縁がある。ではいったい、あなたの命をいただいた縁というのは、どこにあるか。こういう質問です。

生まれた縁――父と母から生まれた。父母は、その前の代の父母にさかのぼる。そういう縁の中に自分があるということを、自分で実感すべきだと感じて、こういう質問を出していると思います。

確かに父母は生縁ですが、それだけではないですよ。生まれてから、現代なら病院で看護師さんの手にもかかるし、家ではおじいさんやおばあさん、親戚の人たちの世話になり、学校へ行けば先生や友達がいる。多くの人たちの縁によって、私たちは生きている。誰でもわかっていることですが、実際にそうだな、とは普段は思わないのです。当たり前すぎるくらい当たり前ですから。だから、そういうことに気づかせるために問題を出して、原点に帰ってみることも大切なことではないかと思います。

皆さん、仏さんや神さんをお参りされるでしょう。無心になって、何にも思わずに頭をさげるのが本当の神詣でだということは、夢窓国師が禅の世界も神の世界も同じだと分かったと書いてありました。そこです。何も思わず、ただ手を合わせる。だから、私も賢所でただただ頭を下げただけです。

しかしこれだけでは物足りない。どうしたかというと、無心で頭を下げて、最後に「ありがとうございました」と、一言いう。これがないといけない。やはり人間として、そういう気持ちを持って神詣でをしていく。年の始め、そういう気持ちが大切ではないかと思います。

これは後にも言いますが、私の母親は観音信仰をしていました。夜、寝る前に観音さんのところへ行って何かぶつぶつ言っている。子どもの私が、何言ってんのや、と聞いたら、手を合わせて「今日もありがとうございました」と、言っておるのです。ありがとうございました、と。今から思えば、純粋に信仰の世界で生きて亡くなっていたのではないかと思うのです。今あるありがたさというものを、しっかりと見つめていたということでしょうね。

もう一つ、この和尚が、「我が手、なんぞ仏手に似たり」と。私の手は仏様の手ではないか、と言っている。まさか、と思われるかもしれませんが、このしなやかな手の動き、これはいつからこうなったか。

また後にも触れますが、それは人間になるもっと昔からです。我々のご先祖様は、人間なんて姿はつい最近、もっと前は小さな魚だったのですよ。大きな魚に飲み込まれれば死んでしまう。そうならないように隠れようとして見つけたのが、枯れ木が流されてきた河口部分。けれどもそこは、いばらの林。いばらの間をぬって泳いでいかなくてはいけない。そういう時に前ヒレを使って動かして、うまく移動していく。それが最初だろうと言われます。それから陸へ上がって、進化していった。ある本にそう書いてあって、そうやなあと思ったのです。

生き物の歴史、何億年という歴史の中には苦労があったのです。苦労と忍耐の末にできあがったのが、このしなやかな手であり、足である。何一つも、一朝一夕にできたものではない。

ご先祖様は忍耐、艱難辛苦の中で生きてこられた、ということを考えます。この手をどのように使っていくか。仏の慈しみの手でなくてはいけないのです。手を差し伸べ、手をつないで歩く。小さな子供に飴玉を上げる手でもあるのです。人々に施していく始めは、手ずからです。

母親が子供の尻を叩く、これも愛情のひとつの表れではないでしょうか。もちろん暴力というのはいけないことですが、受け止める人によります。痛くても、後から、あれによって成長したと思えれば、仏の手です。受け止め方、考え方次第なのですね。

もう一つは、驢脚、ロバの足という。人間は足蹴にするでしょう。砂をかけたりとか。悪口を言うのもそうですね。人間には生存競争があります。根底には競争心があります。競争心はいいことであり、悪いことでもあります。競争心ゆえに科学でもなんでも発達してきました。悪いのは戦争です。競争ゆえの戦争、これは驢脚です。足蹴にする。人間は競争心を起こして足蹴にすれば、かならず滅亡していきます。なぜなら諸行無常ですから。

こんな話をアメリカでしたら、初めて聞いたと言われました。当たり前や、仏教では諸行無常なんですから。それなのにびっくりしたと言われて。アメリカの人たちは、やはり世界は神様が作ったものだから不滅だと思っているのか。永遠不滅だと。推測ですよ。

長所もあれば短所もある。それを自分が一番よく知っているはずです。長所は伸ばさなくてはいけないし、短所は二度としないということを肝に銘じて、一日一日の生活で向上と反省をしていかなくてはいけません。

合同船とは——お墓の話

仲良くした方がいいというのは、みんなわかっているんですけれどね。われわれ共同体の姿は、船で例えるならば、一人で行くボートもいいけれど、やはり乗合船ですよね。合同船です。みんなで一緒に楽しく人生の旅をして行こうということ。その方が素晴らしいではないか、というのが大乗仏教の生き方です。

合同船の話をします。唐の時代、時の皇帝が、慧忠和尚という人が亡くなる前に、お見舞いに行くのです。和尚さん、私にできることはないか。亡くなってから、ご希望があれば何かさせていただきたい、と願い出る。

すると高僧が答えて言うのです。私のためにお墓を作ってくれと。どんな墓を作ったらいいのかと尋ねたら、私の弟子の一人がよく知っているから、その者に聞いてくださいと言って、和尚は亡くなってしまう。

皇帝はそのお弟子を呼んで、どんな墓を作れば高僧の意にかなうか、と聞いた。するとその弟子は、「大きさは北極の果てから南極の果てまで、大宇宙いっぱいの大きさ。そして、その中に素晴らしい黄金を満ちあふれるほど入れてください」というのです。

そこで、合同船が出てくるのです。太陽が人間の真上に来たら、影がなくなると。朝日の時は影が長いでしょう。それがだんだん短くなります。日本では無理ですが、南国では影がなくなります。平等になくなる。そこで、みんなで乗合船に乗って、極楽浄土へ行こう、といった詩を作って皇帝に示すのです。

宇宙いっぱいの墓など誰が作れますか。それは無縫塔《むほうとう》といって、縫い目のない墓。我々禅宗ではその教えを守って、和尚さんの墓は卵形にします。そこには何も書かないし刻まない。大宇宙と一つ。

そういうことなのですね。今は「先祖代々の墓」といいますが、昔は「合同船」と書いた墓があったのです。小学生の時に、これはお墓なのか船なのかな、と思いました。死んだらみんな乗合船に乗って、極楽浄土へ行くんですよ、ということです。これがお釈迦様の教えです。みんなで仲よく救われていく。

ところが最近は、「私は舅と同じ船には入りたくない！　私はボートの船がいい」という。そんなのがありますね。これでは困ります。仏教徒の教えではない。みんなで集まって、家族でお墓を先祖代々つないでいくことで、先祖のありがたさがわかるのです。最近は墓じまいというのがありますが、これもいかがなものかと思います。お墓というのは大切にしなくてはならない。

お釈迦様のお墓はストゥーパです。お釈迦様がお元気な頃は、いろんなところへ説法して回られた。すると、出掛けた後に、信者が来てもお釈迦様がいない時がある。信者は、お留守の間は心の支えがない。これは困ると相談を持ちかけた。せめて、お釈迦様の爪なりと残してください、それが心の支えになる、と。そこで爪を切って渡された。信者にしてみれば、ありがたい。そこでストゥーパを建てたわけです。

心の支えなのです。それを拝むことで、心の支えにするものが、ストゥーパの起源なのです。お釈迦様が亡くなると荼毘に付してお骨にする。生き残った者の心の支えになるものがお墓です。

そういうことを忘れてしまったのですね。もちろん、お墓を守る者がいないという ような事情があるでしょうし、時代の流れもあるでしょう。けれど、お墓というのは 心の支えになるもの、そして、ありがとうございましたと拝み、明日からのパワーに していくもの。そういうことが正しく理解されていないと思います。理解されていれ ば、たとえ遠くであっても、出かけて拝もうということになると思います。

先日、佐々木閑さんという仏教学者の方が、「輪廻の中にあって、坊さんはそれを超えたものである」ということをおっしゃっていました。

お釈迦様が亡くなる時に、弟子がいろいろ尋ねるわけです。我々が遺産相続を聞くように、弟子たちはどんな葬式を出したらいいのかと聞いているのです。お釈迦様がどう答えたと思われますか。

お釈迦様の答えは、この世で最高の葬式をしておくれ、といったというのです。これ以上のものはないという葬式をしてくれと。驚きます。茶毘に付してからお骨はどうしますか、と尋ねると、お釈迦様は町の一番賑やかなところに素晴らしいお墓を建てくれ、といったという。

これを現代のわれわれはもっと理解しなくてはいけません。葬式を簡単にするなんてとんでもない話ですね。立派なお墓を建てないといけないのですね。

ただそう聞くと、逆にお釈迦様はなんと自己顕示欲の強い人かと思うかもしれませんが、それは違うのです。お釈迦様は輪廻から解脱した人だから、お葬式というのは素晴らしいこと。そして、お骨はお坊さんへ渡すな、と言っているんです。

お坊さんは出家ですから。在家の人が骨を頂いて立派なお墓を作る。なぜなら、葬式をして墓を建てることで、それぞれが功徳を積むわけです。その果報によって幸せがその人に来る。多くの人に、そういう功徳を積んでくださいと。自分の体を捨てて、その上で功徳を施して、幸せになってくださいと、お釈迦様は言っているんですね。

死者と出会う

そういうことで、お互いに死というものを考えてみましょう。私たちは肉体的に生きていた人がなくなれば体温がなくなるし、ビックリするわけです。生と死というものの外面だけを見て区別しますが、本来は生死一如です。しかし我々は生死の間に壁を作ってしまう。これは改めて考えなくてはいけないと思います。

人間は平等だと言いますね。人権ということになれば、生きている人の人権も尊いし、亡くなった人も尊い。みんな平等です。生きた人も亡くなった人も、同じ目線で見なくてはいけない。

生きている間は、素晴らしいなあ、と言っていながら、亡くなるとその素晴らしさがなくなってしまう。それはおかしい。仏教的に言えば、死者も生者も平等に見なくてはいけないと思います。

民俗学者の柳田國男さんが、ある時、バス停で一人のおじいさんに出会った。その老人は商売を息子に譲り、隠居したという。そこで、「あとやることは、良いご先祖様になることだ」と言ったというのです。これを聞いて柳田國男は、この人は死んだあとにも務めがあるのだと、感銘を受けたというのです。

先祖供養とか、死者というものを考えていくと、自分が死んだあと、いったい誰と出会うか。姿がなくなるから誰とも出会わない、といえばそれまでですが、そうではない、きっと誰かと出会うのです。そういうロマンを持ちたいですね。

何もなくなるかもしれない、確かにそうですが、立派な良いご先祖様になっていれば、子孫が褒め称えてくれるのではないですか。そんなロマンを持ち続けて死んでいきたいですね。そういうことではないですか。

死の話になってしまいましたが、もう一つ付け加えます。一昨年になりますが、台湾の山の中で、訃報を聞きました。中国仏教協会の元会長、一誠法師が遷化されたと。私が葬式はいつかと聞いたら、十二月二十七日だという。年末ですね。けれども、元会長はここ霊雲院へも数回来ているのです。いつもニコニコして穏やかな方でした。それで、年末で忙しいけれども、最後のお別れに行かせてもらおうと思って行きました。

しかし、周りはみんな年末は忙しいから、誰も行くと言わない。現地へ行ってみたら、そこの仏教協会からも誰も来ていなかった。寂しかったですが、自分だけでもお参りさせてもらえばいいと思ったのですが、これがまた因縁話でした。

葬式は真如寺というお寺でする。南昌というところでローカル線の飛行機を降りるんですが、そこへは上海を経由しないといけない。上海の国内線で待っていたら、遅れるのが普通なのにその日にかぎって一五分早く飛び立った。なんでやろな、と不思議に思ったくらいです。南昌に着いたら、予定よりも五分早く着いて、結局二〇分早く着いたんです。

すると、迎えの和尚に、これから直接お寺へ行きますか、と聞かれました。もちろん行きます、お参りさせていただきますと。そうしたら、いま午後六時ですから午後八時からの法要に間に合いますね、と言われたんです。二時間あるかないかです。行けるのか、と聞いたら、タクシーの運転手が「行ける」という。車を飛ばして山の麓まで来て、それから山道を登っていった。そうしたら、法要開始の五分前に着いた。駐車場も真っ暗闇ですが、そこでお袈裟をつけて会場へ入ったんです。

そこに嵩山少林寺の和尚さんがおられて、「よう来られましたな、ついてきてくださ い」と言われてついて行ったんです。何が始まったのかさっぱりわからなかったのですが、正面に大きな台があって、そこに龕《がん》が置いてあって、一誠元会長がその中で坐禅しておられるわけです。ほう、と思って、参拝しました。まさか会えるとは思っていなかったわけです。

聞いたら、午後八時から法要が始まるので、それまでご遺体をそこへ安置して、時間になったら、鎖龕《さがん》――龕を閉じる儀式をするところだったんです。私は知らなかったから、ありがたいな、と思いました。ぎりぎりで間に合ったわけです。

龕の扉を閉めて、お弟子たちが入って来てお経をあげるのですが、今の臨済宗と同じ作法です。それで、導師に侍者が白い紙を持って行って、それを扉に十字に貼った。「慎みて封ず」と書いてある。なるほどな、と思いました。

それにしても、飛行機が二〇分早く着いたから、会うことができた。おかげさまで、生き仏さんを拝むことができた。これは不可思議ですね。不可説不可称量というが、どうしてこうなったか。こんな不思議なことはなかった。

その後、ホテルへ帰って休み、翌日、お葬式へ行ったのですが、儀式は日本と全く同じで、偉い人がはじめに弔辞を読む。あとは共産党の方々ですから、さっさと帰っていきます。坊さんが残って、荼毘のお経をあげる。そして、その龕、日本で言えば棺桶ですね、それを六〜七人で担ぐのです。竹竿を通してですね。お寺を一周して、それから焼き場へ行くわけです。

今の仏教協会の会長が導師で、お経を唱えて、侍者が龕の下に割れ木や竹をいっぱい入れて、そこに点火する。ぼうっと燃え出して、なんとも言えない雰囲気で、龕を安置したコンクリートの建物の扉の隙間から煙がすうっと出てくるんです。幻想的というか、ああ、煙が出てきたなあと思って。その煙がさあっと上空へ上がっていく。その火葬場の裏は大きな竹藪で、煙が竹の高いところへと絡んで、竹の葉の間を過ぎて天に昇っていく。ああ、会長もとうとう煙となって宇宙へ行ったな、と実感しました。

こういうことか、本当に煙となって大宇宙へ消え失せて行ったなあ、と合点がいきました。とうとう行ってしもうたわい、と。これは大切やな、と思いましたね。私は専門家だから何度も葬式には行っていますが、会長はこんなふうにして、大事なことを教えてくれたんだな、と嬉しかったですね。

私はかたわらでお経をあげて、帰るとき、ふっと後ろを振り向いたら、見晴らしのいいところで、山の麓のほうに、大勢の人々がひしめき合っていたんです。その数、二万人とも。幸せなことに私は最後のお顔を拝ませてもらいましたが、彼らは煙となって消え失せていくのを、遠く拝んでいた。空の世界ですね。それをただひたすらに拝んでいました。こういう民衆の一心な信心。すごいことですね。歩いて山に登ってきた人も、一万人くらいいたようです。

そういう姿を、私は日本の坊さんにも見てもらいたかったですね。便利で清潔で、今の日本の火葬もいいのですが。

生と死の一如

本当にお別れというのは大切です。生と死と一如です。じつは、私も今日は葬式からの帰りなんです。昨日の朝、同級生が死んだのです。歳は私より三つほど上ですが。電話で急を知らされて、一日会わなくてはと思って、場所が和歌山でしたが行ってきました。

なんでおまえ、しゃべれんのや、黙ってることはないだろうと言うんですが、返事はない。どんな人もそうです。私はそういう時は、いい思い出を言うんです。自分で自分に語りかけるようなものですが、亡くなったから聞こえないと思っていませんか。けれど、生死一如ですから、聞こえているんですよ。そんなことを言うと、とうとう頭がおかしくなったかと言われますが、そうではないんです。たしかに聞こえている。

実体験があります。一度目は、信者さん。よく坐禅もしていた人ですが、ガンで名古屋の病院に入院していた。奥さんが、もうだめだと電話をくれたので、新幹線で行ったんです。元気出せよ、と言って回復を祈ってきました。それで帰ってきたんです。しかし集中治療室ですから、もうあかんな、と思っていたんですよ。すると、二、三日して奥さんから電話がきて、「ありがとうございました。おかげさまで回復しました」と。「主人が開口一番、老師が見舞いに来たな、と言った」というんです。

そういうことがあるんですね。しかも、それが一回だけではない。二度、三度とありました。お医者に見放されて、それで私に連絡が来たので慌てて行った。もうどう

27　禅的生活を生きる

しようもありません。手の施しようがない。私は霊能者でも医者でもない。それで、ただただ元気に回復してくれと頭を下げて、お祈りをしてきただけです。そうしたら、生き返った。生き返って、ここにお礼参りに来られた方もありました。

私は、霊能者になれますかね（笑）。しかし、そういうものですよ。私はそういった体験があるので、いつも、亡くなった人も生きている人も同じことだと言っています。そんな場で悪口は言ってはいけない。心に抱いてもいかん。やっと死んでくれた、なんて言ったら、起き上がって怒鳴り散らすかもしらんですよ（笑）。

だから、生死一如です。どうかすると、見舞っている方が見舞われている人から一喝を食らう。だいぶ前の話ですが、台湾仏教会の浄心長老という方がおられます。九十歳を越してかくしゃくとしている。この方は三年前に、体が弱って入院したと聞いたので、見舞いに行ったんです。そうしたら、病院で若いお弟子さんが二人ついて、看護をしていました。長老はベッドに横たわって、息も絶え絶え、まるで生きる気力がないかのようになっていました。元気になってください、そうお祈りして帰ってきたんです。

それでも帰る時に、見舞いに行った仲間と、もうあかんで、と話していたんです。何日かして付き添いの人へ電話をしたら、見舞った日の夕方から歩き出した、というんです。みんな、「えっ」と驚きました。それから徐々に元気を回復され、今もお元気でご活躍です。

すごい方です。同時に、嬉しいですね。大抵の人は亡くなってしまうけれど、帰ってきた人はいないけれど、重篤の時に、危篤の時にお見舞いに行くのは大切です。本人は「来とるな」とわかるのですね。いろんなことが、不可思議なことがあるのです。生死一如なのですね。

タイ国での地鎮祭

縁といえば、山田無文老師との縁は深いというほかありません。無文老師との縁がなければ、もちろん今の私はありません。老師が可愛がってくださって、叱りとばされましたけれども。ほんとにキリスト教に改宗してやろうかと思うくらいにですね（笑）。

どうしてこんなに叱られるかと。老師だって若い頃は、いろんなところへ行って問題解決を図られています。キリスト教や新興宗教も含めて、いろんなところへ行っておられるでしょう。私も一瞬、明日にもクリスチャンになった方が早いんじゃないかと思ったりしましたよ。

でも、そんな思いはすぐ消えていくものです。消えなければ、今頃はバチカンに行っているかもわかりません。この間も、バチカンに行ってきましたが、こういう対外的なことはすべて老師の縁です。老師の代わりに出かけるときには、戻ってきたら挨拶をする。これは弟子の務めです。今でもそうしています。本当に海外の場合は、たどってみれば老師のおかげです。アメリカやらいろんなところにお供させていただいて。

そのうちのいくつかをお話すれば、若い時に老師のお供でタイ国に行きました。カンボジアとの国境近くに仏教寺院があって、そこで地鎮祭をするという。バンコクを朝に出て、着いたら夕方暗くなっていました。今でも半日はかかります。

その晩に泊まったところが街の中のホテル。最高のホテルというから、よかったな、と思っていたのです。南方では泊まるところもないくらいでしたから。ところが泊まってみたら、ベッドはあるけれども鍵がかからないし、これは困ったな、と。荷物をドアの前に置いてもらって休んだように思います。

翌日、地鎮祭をするところには供物が供えてあったんですが、饅頭や果物、さらには豚の頭など、食べ物がずらっと供えてありました。老師はそこで地鎮祭をされました。かんかん照りのほんとに暑い中でしたが、植林もされました。木々には丹念に水もやったのでしょう、後には青々と木々が茂っています。タイに行くと寄るようにしていましたが、次第に忙しくなって、なかなか行けなくなってしまいました。

沢井進堂老師という方が、無門老師の後を継いでずっと行っておられました。その老師が亡くなった後、お骨を納めに行きました。その時に、お坊さん方に供養をしなくてはならない。昼飯を差し上げようと、料理を作ってくれる人がいて、それを並べて出しました。坊さんたちは食事を待っていて、食事ができたから挨拶せないかんなぁらんな、と日本風に「粗末なものですが、どうぞお召し上がりください」と挨拶をしたのです。

しかし、向こうは一向に食べないのです。どうしてかと思っていたら、挨拶だけではだめで、向こうのお坊さんには器を持って勧めなくてはならなかったんですね。ご自分からは取らないんです。それはそうですね。お釈迦様の代わりですからね。なるほどな、と思いました。そんなことも勉強でしたね。

向こうでは、昼の十二時までに必ず食べます。お酒は飲みませんが、生臭物でもいいのです。十二時以降は、飲み物、お茶やジュースはいいけれども、固形物は食べられません。お釈迦様は戒律という難しいことを課したな、と思いました。

タイへ行った時、初めてわかったことは、托鉢してくると、鉢にいろんなものを入れてもらいます。今は汁物はビニール袋に入れてもらいますが、当時はご飯もおかずも、みんな一緒くたに入れてもらって食べるのです。ちょうど犬の汁かけご飯のようなものです。それを食べるのですが、そんな混ぜたものを、この暑さの中で置いておいたらどうなるか。腐ってしまいますよ。

しかし、頂いたものだから食べなくてはいけません。お釈迦様はきっと弟子たちのことを思って、食べさせてはいけない、と思ったのでしょう。午前中に食べてしまわなくてはいけないと。でも、飲むことだけはしないといけない。弟子の健康管理のために、そうしたのではないかと、私なりに理解しました。タイへ行かなければ、それはわからなかったですね。ありがたいことです。

仏教こころのふるさと——初めての中国

それから老師のご縁で、中国へ昭和五十五年（一九八〇）に行きました。日中友好の第一団ということでした。それまでにも中国への友好の旅はありましたが、臨済宗と黄檗宗の合同で、臨黄仏教訪中団として行ったのはこれが初めてです。その時に有名な中国の趙樸初先生などが行程を案内してくださいました。本当に嬉しかったです。まさか行けるとは思っていませんでしたから、仏教の心のふるさとに来られたと感動しました。

中国仏教協会がある北京の広済寺へ初めて行った時には、老師は「坐禅をしておりますか」と尋ねておられました。日本の臨済宗と同じ作法ではないでしょうが、坐禅瞑想をしていたと思います。北京を見学し終えて、南へ向かう時に見送りにいらした趙樸初会長は、「長旅ですが、無文老師がいかれる各地では、ちゃんとお迎えするようにと言ってありますから、安心してお過ごしください」と、プラットホームでおっしゃって、いつまでも手を振ってくださいました。

そうして初めて行ったところが臨済寺です。ここが臨済禅師がいらしたところか、と思いました。中国の現地へ行くのと提唱で話を聞くのとは違います。村へ入っていきましたが、当時は日本の田舎の家よりも貧弱な家ばかりでした。ふと見たら、年老いたおじさんがウリか何かを生でかじっていました。これを見たときに、これが現代の中国の姿だ、臨済禅師がいた頃と全く変わらないのではないか、このウリを食べているおじさんが普化和尚だな、と思いました。生大根か何かをかじっていた、というのが語録に出てきますね。臨済禅師はきっと、あのような姿の普化和尚と一緒に道を極められたのだろうと思って、感慨深いものがありました。

車から降りて麦畑のあぜ道を通って臨済寺まで行きました。みんなで高くそびえる臨済塔の前でお経をあげてから裏へまわると、掘っ建て小屋のようなものがあって、それを見た無文老師は「おまえ、ここにおったらどうだ」と私に言われて(笑)。もしかしたら、そのまま中国の坊さんになっていたかもしれませんね。でも、「はい、ここにおります」とは、よう言いませんでした。

臨済寺へ行く前には恒陀河を渡りました。これが有名な恒陀河かと。当時は水量が豊富でしたが、今はずいぶん干上がってしまっていますね。

それからずっと南へ下がって、杭州の浄慈寺へ行きました。ここは大応国師南浦紹明が入宋されて修行されたところ。国師は後に、師の虚堂智愚禅師について径山に移り、修行を続けて法を継ぐわけです。東海の地に法を弘めよ、との言葉をいただいて、帰ってこられるのですね。

ああ、ここが修行された場所かと。感動しましたね。不思議でしたね。どうして私は今こんなところへ来られたのか。どこへ行くのかも、当日にならないとわからなかったですからね。
それで、説明がありました。「ここが有名な浄慈寺です。しかしここは人民解放軍が占領しておりまして」と。だから門も閉まっていましてね。悲しかったですね。前だけ通って、霊隠寺という素晴らしいお寺が近くにありますので、そこへ。今でも、そこの和尚と親しくしております。

あのあたりは確かに有名な西湖の近くですが、当時はあまり整備されていなくて。お寺でお経をあげていたら、景色はいいのですが湿気があるところで、汗が吹き出してくる。暑くてたまらないんですが、ふと中国のお坊さんを見たら、平然とお経をあげておりました。次の日に上海の名刹、玉仏寺へ行きました。それが最初の中国の仏教の旅でした。

そんな因縁の中で、一九九九年の初夏、趙樸初先生が二世の会を作りましょうと提案されまして。日中友好に関わった初代、一世の人たちはだいぶお歳を召されたので、次の世代を作らねばならない。二世の方たちをお招きします、と言ってこられました。

これはありがたいことだと思ったのですが、かつて一緒に修行した同門が何人かいましたから、みんなに伝えたのです。半月くらいの旅の予定でしたが、その頃はみんな自分の寺を構えていましたから、忙しくて、日程が長すぎて行かれないと。

私としては、無文老師に恥をかかせるわけにはいかないと思いましてね。当時、老師はすでに亡くなっていましたが。そこで私は他の予定をすべてキャンセルして行きました。これもまた、日程表も何もない。ままよ、どうにかなるかと思って行ったのです。そうして北京に行きましたら、「明日は法要がある」という。何の法要かもわからない。午前三時半に起きていかなくてはならない。どこへ何しに行くのだろうと思っていました。

そうしたら北京の房山雲居寺でした。そこで法要をしました。終わってからしばらく外へ出ていましたが、立ちん坊で、何がどうなっているかわからなかった。そうしたら中国の坊さんたちが入ってきた。房山の石経はご存知でしょうか。東の敦煌ともいわれる雲居寺では、お釈迦様のお経は大切だが、紙に書いたものは戦災などあれば、ちりぢりに四散してしまう。ぜひとも経典を後世に残さなくてはならないと発願して、大理石にお経を刻んだというのです。

一日に三文字だそうです。お釈迦様の経典は何文字あるか、想像もできませんが、それを彫ろうとしたわけです。一代では彫れません。二代でも三代でも彫れない。それはそうでしょうね。今でもまだ、あと三分の一は終わっていませんと。それを盗まれないように、房山の麓に洞窟を掘って、その中に石経を隠したというのです。それが発掘されて、納め直すための法要だったのです。

しかも、中国では九という数字を大切にするでしょう。その日は、一九九九年九月九日で、法要は九時からでした。外で待たされている間はわからなかったけれども、意味があったわけです。こういうことは多々ありました。どうしてだろうとよくわからないけれど、後になってわかるわけです。これも縁ですね。

それから最後に海南島へ行きました。あそこは鑑真和尚が台風で流れついたところ。鑑真和尚は目が悪かったでしょう。あそこへ三年いらした。感心しましたね。我々なら、そんなところへ流されたら悲嘆のどん底ですが、仏法のために寺を復興して帰ってこられた。やはりすごいことですね。

バチカンの絵馬——東西霊性交流とローマ教皇

無文老師のご縁でいろんなところへ行ったことをお話しました。ここでは、無文老師は仏教徒だけでなく、キリスト教徒との交流もあったというお話をしたいと思います。

一九七九年、第一回東西霊性交流の団長としてヨーロッパへ行っておられます。その時にローマ教皇とも会っていますが、その前にドイツのマリアラッハの修道院で、修道士とともに一週間ほど生活しておられます。その時に私はお供をしました。

初めての修道院生活です。老師とともに朝早く起きて、仏教での朝課に当たるものもしました。修道士とともに食事もしました。食事中には、上手の方で一人の修道士が説教をするのです。これはいいなと思いました。普通は食事中に話しをしますね。そうではなく、話を聞くのです。

料理はすべて精進かと思ったら違うのです。老師が食べたのは、パンとバター、新鮮な野菜くらいでしたが、魚も出てきます。鯉でした。院内で養殖をしていたのです。キリスト教では当たり前なのでしょうか。人間の命を養うために、自給自足ですね、野菜も池の鯉も。最初はびっくりしましたが、さらに院の奥の方には屠殺場もあると聞かされました。たまには動物性たんぱく質を補給しているようです。

なかには、やはり菜食主義の方もいましたが、強制ではありません。土産物も売っていましたが、それも自分たちで作っていました。すべてが自給自足です。

朝課では、みなで讃美歌を歌う。老師の感想は、「いい声だけど、少し悲しいな」と。哀愁をともなって歌っているという感じを受けられたようです。賛美歌というのは哀愁を帯びていますね。日本で言えば、みんなでお経をあげるのと同じですが、あれは素晴らしいと思います。帰る時には、みな別れを惜しんでくれました。そんな修道院生活を老師と送りました。お供をさせていただいたおかげですね。

バチカンでは、老師はローマ教皇、ヨハネ・パウロ二世とお会いしました。東西霊性交流の仏教団として通訳を介してお話をしました。その時に、平和祈願の絵馬をお渡しして帰ったのです。

そんな因縁もあって、またバチカンに行くんです。二〇〇六年のことです。白柳誠一枢機卿とのご縁があって、おかげで仏教徒一二〇人が行ったのです。どうして行ったかというと、教皇ベネディクト一六世の就任のお祝いでした。

乞い願わくば、教会で仏教徒が一緒に世界平和祈願法要を行いたいと。老師がいつも言っていたのは、どこでも単独でやることはできるが、他の宗教の方も一緒に平和祈願をしたいと。それで表敬訪問をして、お出ましいただけますかとお願いしたのです。白柳枢機卿のお力もあったのでしょう、よろしいという許可が出ました。場所はパウロ大聖堂です。

法要を行うことになってから、仏像を持っていってもいいか、お経をあげてもいいか、と尋ねた。祈願だからお経を読むのはわかっていたのでしょう。仏像もよろしいということになった。海外用に仏様を作ってあるのです。「出張仏」です（笑）。中国などはどこでも仏像がありますが、南太平洋の国にはないこともあるので。

パウロ大聖堂の入り口で御詠歌を唱えながら、一二〇人からの仏教徒が入場しました。大聖堂のメインのところで仏さまを安置して、般若心経をあげさせてもらったのです。すごかったですよ。よく許可が出たな、と思いました。キリスト教の懐が大きくなったのですね。それから向こうのミサをなさった。それが就任の祝賀法要でした。我々の気持ちとしてお祝いをしたかったのです。それを断るわけにはいかなかったのでしょう。ありがたかったです。

その法要の次の日に、教皇にお会いできました。まず体の不自由な方たちと握手をして、我々の多くは柵の外だったけれど、代表だけ中に入れてくれました。通訳の人が紹介をしてくれて、握手しなくてはいけないなと思っていたら、なんと教皇からハグをされました。これには驚きましたが、撮影は禁止ですから、向こうの人が撮ってくれていました。

そのあと、本部か何かでしょうか、中に入れてもらって、そこでお茶をいただきました。その時、ふっと気づいたら、そこに老師の絵馬が飾ってあったのです。これまた感動しましたね。一九七九年から時を隔てて二〇〇六年ですから、知っていたのは私だけですが、ちゃんと飾ってくださっているんだと感動しました。

肥茄子大

悲しみと別れと出会い――慰霊の旅

そんなことで、そうこうしているうちに、ベネチアにレオナルド・ダ・ヴィンチの家があるので、行った方がいいと言われて行きました。館長のガリーという方も親日家で、自然を愛する人だということで、東洋的な禅の世界に惹かれたようで、私を訪ねてきました。意気投合しまして、それからおつきあいをさせてもらっています。二〇〇九年に、禅と自然についてのシンポジウムがあって、私も講演しました。ご参考までに、そのときの講演録を、この本の第二部に載せておきます。

それから、慰霊ということで、ポーランドのアウシュビッツを訪ねました。これが二〇〇七年一〇月に行っているんです。そこで慰霊法要をおこないました。行く時間帯も良かったんですね。夕暮れになって、薄暗くなったところへ行ったんです。アウシュビッツはそのままの姿かたちで残っています。ここか、と。本当に、そんなところで大勢の人が亡くなっていったわけです。私は帰る時には、後ろ髪を引かれる思いでした。亡くなった人が泣き叫んでいるような気がしました。

それから気を取り直して、次にウイーンの聖ステファン教会へ行きました。トニー神父とショーボン枢機卿に会い、世界平和祈願をしました。枢機卿みずから喫茶店に案内してくれて、一緒にコーヒーなどをいただきました。それから、去年、数年ぶりに行ってショーボン枢機卿に再会しました。ありがたいですね。また会いましょうと話していますが、それぞれ日程がありますからね。

その時には、さらに足を伸ばしてチェコのプラハへ行きました。聖ビート教会。ボルク枢機卿と一緒に法要をしました。ところが奇遇といえば奇遇ですが、日本の本山の禅道会の会員がフィンランドで生活をしているのですが、その人と偶然プラハの公園で会ったんです。向こうも私もびっくりしました。あまりにも奇遇でした。それで、数年後にフィンランドへ訪ねました。寒い時で、雪のフィンランドでしたが、サンタクロースにも会ってきました。美しいオーロラも見ました。

アメリカへは、いまもよく私は行きますからね。話し始めるとキリがないのですが、ニューヨークの郊外に大菩薩禅堂というのがあります。かつて山田無文老師がここで、日米合同で六〇〇名ほど集めて坐禅会をしているのです。その時に私は、「おまえはいつもわしと行っているから、今回はお休みだ」と言われまして（笑）。なんでこんな肝心な時に連れて行ってもらえないのかと思いましたが、留守番をしました。大菩薩禅堂は縁がないなと思っていたのですが、その後、縁ができて訪れるようになったのです。考えてみればそれも老師のご縁です。

最初から大菩薩禅堂に関わっておられた嶋野栄道老師とは、大菩薩禅堂へ行った時には必ずお会いして、ニューヨーク市内で食事をしたこともあります。その栄道老師がお亡くなりになったのが、去年の初春、突然の遷化でした。私はその前の九月だったか、一〇月にお会いしているのです。

その時に、こう言われました。「アメリカの禅を、私と佐々木承周老師でなんとかここまでやってきました。しかし、先に逝かれてしまって、私一人になって寂しいけれど、やらなくてはいけない。私も歳を取りました。あとをよろしくお願いします」

と。それで、「お寂しいかもしれないが、やっていかなくてはなりませんね」と、お話しして別れたのが最期になりました。

今年の四月に一周忌で接心をするというので、一日だけですが提唱をして帰って来ます。惜しい方を亡くされました。

本来無一物——六祖大師とお釈迦さま

そんなことで、さまざまなご縁をいただいておりますが、私の今の願望は、世界各国を回らせてもらってシベリアへも行きましたけれど、アフリカの我々のご先祖様が木から降りて、二本足で歩き始めたところへ行ってみたい、と思っています。

最初から木からぽっと降り立って歩き始めたのではないでしょうが、ロマンがありますね。行ってみたいですね。ご先祖様が木から降りて、立ってみようかという意識もなかったかもしれませんが、「なんだこれは、歩けるじゃないか」というような、そんなロマンを持って、長生きしようと思っているのです。

やはり人間は、ロマンがないといけません。もう一つ、行きたいけれどみんなに反対されているのは、エルサレムです。宗教の原点のようなところですからね。本当は宇宙へも行きたいのですけれど(笑)。

原点といえば、いま床の間に六祖恵能禅師の絵像の掛け軸がかけてありますが、恵能禅師のことはご存知でしょうか。

五祖弘忍禅師のもとで恵能禅師がお悟りを開かれて、けれどもゆえあって、今晩中に逃げよと言われて、渡し場から船に乗って故郷の南の方へ行くのを、五祖が見届けたという。それから六祖大師は地元の広東へ帰って、山中にこもって聖胎長養され、世に出られるまで法を温めていた、と。

有名なお話がありますね。それは知っていましたが、場所がどこなのかは私は調べていなかったし、いまだにわからないのですが、じつは、その聖胎長養されていたという場所に、いま六祖寺という寺がある。私が前に行った時には、六祖大師がお生まれになった村にお寺があってお参りしました。なかなか遠くて行くのに骨が折れるところです。

その寺の方が、六祖大師の金の刺繍の絵像を持って年末に挨拶に来てくれました。六祖大師が新年に向けてご挨拶に来られたと思って、お迎えしたのです。床の間にはもともと達磨大師を掲げているので、それを外して六祖大師というわけにはいかないので、正面の左側に掲げて新年を迎えさせていただきました。

以前に、六祖大師の記念法要の時に、南華寺にお参りをさせてもらいました。ここには六祖の真身仏、ミイラ仏をお祀りしてある。その時に真身仏の色紙を頂いてきたので、それをお飾りしてあるのですが、今度は悟後の修行をされた六祖寺からも頂いて、私としてはいい正月を迎えさせてもらったのです。

六祖大師の禅というのは、ご存知の通り、頓悟の禅です。それをお弟子の永嘉禅師は「一超直入如来地」と表現しておられます。仏さんの懐へ即座に飛び込んでいく、これが六祖大師の禅だと。迷わずに懐へいらっしゃい、と言っておられる仏様の心に飛び込む。それはあたかもイノシシが突っ走るようにですね。

六祖大師の禅は、本来無一物。何もない。それで全てが片付くのです。しかし、何もないということに、我々は徹しきれない。ものが何もないと勘違いされてはいけないので、空ということ。とらわれないということです。現実世界は事実としてあるのですから、何もないとは言えない。しかし、空なのです。六祖大師の禅から見たら、見たものにとらわれないということ。一念生じれば、それに迷ってしまう。だから凡夫と呼ばれるのです。

とらわれなければ、さらっとする。禅僧がさらっとしているのは、とらわれないからです。もちろん、その場その時は、怒ったり悲しんだりします。人間ですからね。けれどもそのあとは、さらっとしている。それが禅僧です。淡々として日暮しできるところに救いがあるのですが、なかなかそれができないのですね。

前にも言ったと思いますが、お釈迦様は偉大だということ。その一つは、筏のたとえです。弟子たちが、「お釈迦様はとらわれてはいけないと言いますが、それでは、お釈迦様の教えにもとらわれてはいけないというのですか」と質問をした。そこでお釈迦様は、こんな話をされるのです。

ある旅人が野原を過ぎ去ると、河にたどり着いた。この河を渡らないといけないが、船がない。そこで旅人は古い材木を寄せ集めて筏を作った。それに乗ってなんとか向こう岸へ渡った。この筏のおかげだ。この先にはまた河があるだろうと考えて、この筏を持っていくか、それとも捨てるか。おまえさんたちはどう思いますか、とお弟子に聞かれた。

弟子たちは、「もちろん置いていきます」と返事をした。お釈迦様はそれを聞いて、「善哉、善哉」と肯《うべな》われたと。確かに筏は河を渡るのに必要だが、地上で筏を持ち歩く者はいないように、私の教えは必要ならば使えばいい。しかし使い終わって邪魔になったら捨てなさい。私の教えにとらわれてはいけない、そう言われた。私は、これをきっぱりと言われたというのが、すごく偉大だと思います。

世の指導者というのは、自分の教えや思想を守りなさいと必ず言います。政治、経済、文化あらゆる面において、トップの人は自分のやり方を守れと言います。しかしお釈迦様はとらわれるな、捨てなさい、という。これはすごいリーダーです。お釈迦様に感服することは多々あるのですが、これはその大きな一つです。

仏教というのは、すべてこの精神に通じていて、おおらかです。すべてを受け入れる寛容性があります。それが、本来無一物ということです。何もないのだから、全ては空です。言ったことも消え去っていくのです。お釈迦様の教えは経典として残っているけれども、それも風とともにやがて消え去っていく。永遠なのは真理のみです。しかし、言葉として残ったものは消えていきます。石に刻んだとしても、持ちません。消えていきます。すべては消えていくのです。

ある時、イスラムの教会に行ったことがありました。イスラムは礼拝の対象物が何もないです。その頃は私もまだ不勉強でしたが、キリスト教も仏教もお像をお祭りします。聖堂があって祭壇や何かがあるから、イスラムも祭壇などがあるかと思っていたが、がらんどうで何もない。ここで拝んでください、と言われましたが、一面ガラス張りで何もない。そこで私は「異教徒なので礼拝の仕方を知らないから、方法を教えてください」と言ったのです。そうしたら、やり方を教えてくれました。

しかし偶像は何もない。対象物はないのです。これだな、と思いました。これならどこでも拝めるのです。私たちは寺院や仏壇で手を合わせますが、イスラムはどこでも拝める。時間などは決まっていますが、拝むということに主眼を置いている。それはいいことです。

空港でもそういう場所を作っているでしょう。イスラム圏では礼拝所があります。イスラム圏へ行った時、ガイドの人が「ちょっと待ってください」と言って、拝みに行ったことがありました。お祈りして帰ってきた。

本来無一物ゆえに、そういうことができる。そうでしょう。我々仏教徒も信心を持っていれば、そうすればいい。感心しました。信心を持っているというのが偉いですね。仏教徒のガイドがいても、そんなことはしないでしょう。旅行をしていると、いろんな体験ができますね。

我々の生活自体も、信仰というものを考えなくてはいけない。おおらかであるゆえに、ルーズにもなるのかもしれません。反動がきます。それではだめです。我々は電話のベルが鳴れば駆け出すけれども、お釈迦様へ向かってバーっと駆け出したりしないでしょう。信仰というのは、その人が持ったものです。やはり大切にしなくてはいけない。信仰を持った人は幸せです。困難があっても乗り切っていけるからです。

自己探求と不二の妙道

ついでにお話ししますが、ある人が持ってきた本を読みまして、そこになるほどと思うことが書いてありました。以前、ＮＨＫワシントン支局長をしていた手嶋龍一さん、今は独立しておられますね。あの方と佐藤優さんの対談、『米中衝突』という本です。政治的なことを書いてありますが、私は全くその方面はわかりませんが、その中でなるほどと思ったのが、信仰の問題です。それはトランプ大統領が強いでしょう。民衆の支持を集めています。我が道を行くというか、ぶれない。アンチ・トランプをどんどん切り捨てていく。あの強さの源は何か。周りがあっと驚く、金正恩との握手もありました。

トランプ大統領は反知性主義の系譜だという。日本語から受ける反知性主義というのは、あまり知性のない人というか、いいイメージがないが、アメリカでは、知性と権威が結びついて、エリートが国の舵取りをすることに反発する精神のあり方だと。

知性主義とは激しく張り合う系統であると。

では知性主義とは何かというと、知性と権威が結びついたエリート主義。それを体現するのが、ヒラリー・クリントンだというのです。なるほど、そういうことかと。これは現代のアメリカの姿そのものですね。

反知性主義の太い流れがアメリカにはある。国際連盟の設立に寄与した、ウィルソン大統領。これと、アイゼンハワー大統領。これは面倒臭いことなんですが、情報収集や分析など、すべての決断は組織のトップが決断するが、その結果にも責任を取る、と言っていました。トランプ大統領はどう責任を取るのかわかりませんが。

もう一つ、これも初めて聞いたことですが、キリスト教には長老派というのがある。これは、自分は選ばれた人間だと考える。だからどんな試練でも耐え抜くことができる。耐え抜いて成功させる使命があるという固い信念を持っている。イスラム教徒もアッラーの神に固い信念を持っている。だから祈りの時間になれば駆け出していく。職務も投げ出していく。そんな信仰はすごいですね。

トランプ大統領はこの反知性主義者であって、長老派だそうです。こういうことを多くの人は知りません。この本が正しいかどうかもわかりませんが。だから奇妙な使命感に駆られて、無理と思われていた金正恩との握手も実現した。メキシコとの国境に壁も作るかもしれませんね。

そして米中衝突は現実のものとなりました。世界は完全に分断されている。対立と分断と亀裂、こういうことでいいのかということですね。

しかし、仏教は不二の妙道です。二人のものが二人ではない。これをお釈迦様は説かれました。そう言うと、そんな甘っちょろいことを、という人がいます。そうではないんですね。

信仰の世界において信念を持つのは素晴らしいことですが、それが全てかといえばそうではない。お釈迦さまの教えも素晴らしいが、それにとらわれてはいけない。中道を行かなくてはいけない。現代というものは、対立と分断の世界です。しかし自然と対立してはいけません。そして分断と亀裂を越えていかなければいけません。それには不二の妙道ということ。さっきのレオナルド・ダ・ヴィンチは、不二の妙道とまではいかなくても、そこに昇華していこうとしたのが彼の芸術でしょう。

銘々が自分で判断していくことが、お釈迦様の教えです。お釈迦様はあくまで自己探求の道を説きます。根本にあるのは仏性です。これは例え話ですが、あるとき事件が起きた時に説かれたものです。

お釈迦様ご在世の時です。若い青年たちがある日、ピクニックへ行きました。彼らはそれぞれ、結婚していて、妻を連れて行こうということになりました。ところがその若い夫婦の中に、一人だけ独身の男性がいた。みんな妻同伴なのに、彼だけは一人で困ったなと思っていました。そこで女性を連れて行かなくてはいけないというので、ある女性を同伴して行ったわけです。

みんな楽しんで、昼食となった。みんな仲良く食べて、満腹になり、おのずから眠くなり、野原で昼寝をしたと。みんなが目を覚ました時に、独身の人が連れてきた女性だけがいない。みんな自分のものを確認すると、高価なものがすべて盗まれていた。これは困った。我々が眠っている間にあの女性が盗んだのだ、ということになり、そこら中を探し回った。

川へ行き、谷へ行き、森林に入ったら、なんとお釈迦様が坐禅をしておられた。これはよかったと、お釈迦様に「こういう女性を見かけませんでしたか」と聞いた。それまでの顛末を説明すると、お釈迦様は静かに腰を上げられ、「そんな盗人にあって困っているだろう」と同情された。「しかし、君たちにとって、今大切なことは何か。人のものを盗んだ女性を探すのが大切なのか。それとも、あなた自身の心を探すのが大切か。どちらなのか」と言われた。

もちろん、自己の本心を探すことが大切です。そう言って、みんな夫婦共々、愚かさを恥じて、お釈迦様の尊い教えを守って、お弟子になったという話です。

ここに仏教の精神が現れています。自己を見つめることがいかに大切か。いろんなものを探すより、自分自身をはっきり探すことが大切だと、お釈迦様はこの夫婦たちに説いた。これが根本思想です。自己を見つめること。説かれる教えは、宇宙の真理、諸行無常の理《ことわり》を正しく認識する。自己の本来の心、本心をまず求めて、目覚めることが必要だということです。

したがって、説かれる教えは、仏性ということ。それを学問的に理解するだけでなく、実際に自分で見つめ、発見する。それが禅の世界です。お釈迦様の教えにはたくさんの経典がありますが、じつは、真理はひとつです。それをいかにさまざまに説かれたか。その結果が莫大な経典です。

白隠さんは若い時に疑問を持った。たくさんの経典を読んだ結果、お釈迦様の話はすべてたとえ話じゃないかと気づいたというのです。それをただ勉強しても仕方がない。根底にあるのは、一乗の法。それをわかりやすいように、いろいろなたとえ話にしている。それを出さなければ、我々にはわからないのです。

一番の根幹を成すのは大乗の一乗の法。二乗もない、三乗もない。これが禅の世界です。自分で見極めなくてはいけません。知識として味わうことは可能ですが、それはたとえ話です。納得するには坐禅です。確証たるものを「これだ」と握るしかない。自分自身で体得するしかない。それが禅の世界です。

坊さんだけでなく、人間である限り、みんなが自分自身を見つめなくては、いろんな問題が起きます。現代人の大いなる欠点です。外の世界にばかり求めていこうとする。自分自身すら、外の世界に求めていくのですから。それでは、だんだん複雑怪奇になるばかり。単刀直入に自己自身を掘り下げるしかありません。多くの禅僧が口をすっぱくして言い、実行しているわけです。

もちろん、知識・学問として勉強することは大切です。しかしそれに終わってはいけません。経典や戒律を学び、基礎を作った上で、自分自身を見つめていけるかどうか。禅僧はそういう疑問の上に立って、禅の道へ入って来ているのです。祖師方はみんなそうです。

自分を見つめれば、自分のいる場所がよくわかるはずです。これは大切なことです。いったい自分はどこにいればいいのか。それが例えば、コンサートの会場であれば、どこに座るか、わかるでしょう。そういうことですね。人生においても、どこにいるべきか、どうあるべきか、よく考えなくてはいけない。

自分の立場、どこにいるのか。わかっているようでわかっていません。高いところへ行ってみたり、謙遜しすぎて下がってみたり。それと同時に、学生なら学生、社会人なら社会人、新人、中堅、トップの立場、あるいは隠居の立場。家庭に帰れば親の立場というのがあり、学校ならば先生の立場があり、地域であれば隣人の立場。なか

なか自分というのは、わかっているようでわかりません。

しかしお釈迦様は、わからないがゆえに、やはり自分の立場を見つめて、何をすべきか、何をしてもらうべきかを、見極めるように言われたのです。自己自身を掘り下げなさい。自己探求の道が大事だ、と。

坊さんは接待を受けることがありますが、これも難しいですね。呼ばれる立場もあります。料理をどうするか。病気で食べられないというのもあるけれど、そういうものは別として、出されたものを美味しくいただくということ。我々はごちそうされるときには、朝食は少なめにするとか、絶食するとかして行ったものです。食べ物だけでなく、話題にしろ、うかがう家の主人や奥さんの立場を考え、発言しなくてはいけません。対話、言葉は大切です。相手の気持ちをおもんぱかった自分でいなくてはいけません。

立場、自分がいる場所というのは、当たり前のことですが、一刻一刻を大切に生きること。一瞬はもう二度と来ないのですから。なぜ自分はここにいるか、常に考えるべきです。どんな因縁でここへ来たのか。珍しい場所だから来られてよかったな、というだけでなく、どうしてこられたのだろう、と考える。一刻一刻、出会いを大切にする。どういう因縁で会うことができたのだろうと考える。一期一会とは、そういうことです。

スーパーボランティアの話

数年前、アメリカのアリゾナへ行きました。行くとは夢にも思いませんでしたが、坐禅会の方が招待してくれて禅道場へ出掛けたのです。暑くて、道路で目玉焼きが出来るというのです。本当かいな、と思いましたが、それほど暑いのです。暑さ対策もしていきました。

それで、グランドキャニオンへ行った時には驚きました。自然の芸術品ですね。自然の浸食によってできたものです。風や水によって、弱い岩石が削られてできたのだそうです。下の谷へ水が流れている。見る角度によって、岩が仏様に見えることがあるのです。他のものにも見えることがあり、自然の芸術となっているのです。

ある芸術家が、あの岩には忍耐というものが削られていると言ったそうです。長い年月の間に、自分の身が削られて、素晴らしい芸術ができあがる。岩には自分の意思はありません。ただ、自分の立場をじっと守っているのです。忍耐です。昔は「石の上にも三年」と言いましたが、今ではさっさと変わりますね。それもいいですが、岩は何億年もじっとして、素晴らしい仏の姿になるのです。

すごいことですね。ただただ、忍耐の一文字。自然はすべてそうですね。荒海の吹きさらしの松、それこそが形がいい。すくすくとまっすぐ育つことを評価する一方で、忍耐の末に右に折れ左に曲がった松の木も美しい。人間というものは、すべて両面があります。それを見ていかなくてはいけません。

アリゾナで思ったのは、長い年月で人間も、いろんなことに耐え抜いて、そこで初めて、その人独特の芸術作品ができあがる。それが風格です。徳とも気高さとも言えるでしょう。その人のからだの奥から醸し出される雰囲気。我々は、そういうことも考えていかなくてはならない。人間に大切なのは忍耐です。仏教では、忍辱《にんにく》と言います。

今は言いませんが、人間がここまで成長するまでに、ご先祖様がどれだけ忍耐と苦労をしたか。現代では目先のことを追って、辛抱の必要性を見過ごしています。日本人だけでなく、世界中がそうなっています。いつまでもこんなことをしていたら、世界中が滅亡していくでしょう。いまは滅亡の道を率先して歩いています。

しかし、ブレーキをかけようにもかけられない時代ですね。中には辛抱している人たちもいます。天災にあった人たちです。身内を亡くし、自宅を流され、どのように生きていかなくてはいけないか。まだ、仮設住宅におられる人たちもいるわけです。

ただ、助け合いがあるのは、人間ならではでしょう。犬猫にはありませんからね。素晴らしい一つの話が、去年のボランティアのおじさんです。いまはスーパーボランティアと言うそうですね。

表彰すら辞退した。偉いですね。表彰などにとらわれていないのですね。一躍有名になりました。かっこいい、日本人らしいおじさんですね。二歳くらいの男の子を発見しました。みんなが二晩くらいかかっても見つからなかった子を、あのおじさんが自分の体験をもとに見つけた。

子どもは下の方へは行かない、上方へ上がるということで、山の道を上って行った。記憶が定かでありませんが、探して行ったら、子どもが「おっちゃん、ここだよ」と言ったという。駆けつけたら、そこに子どもがいた。それから身内に引き合わせ、病院へ連れて行って。肉体的に多少は弱っていたかもしれないけれど、健康状態には問題なしとなりましたね。

あの出来事があって、私は一つ疑問に思いました。あの子は二晩、山中にいたわけです。ちょろちょろした川があって、水があったと言いますが、どうやって飲んだのか。怖くなかったのか。

テレビでやっていましたね。同じくらいの年齢の子どもでテストをしていましたが、手ですくって飲んだという。しかし私の考えでは、二歳くらいの子がそんなふうに飲めるでしょうか。漏らさずに手ですくって飲むというのは難しい動作です。おそらく口をつけて飲んだろうと思います。犬や猫と全く一緒です。小さいですからね。

次に、怖くなかったのか。大人はそう発想します。けれど怖いというのは、分別ができるようになった大人の発想です。分別があると真っ暗闇では怖くておられませんね。

昔、無文老師が「赤子の心」という話をされました。それは、数学者の岡潔先生の話を引用してのものでした。子どもは、生まれてから三十六ヶ月経って初めて、二ということがわかる。それはつまり、私とあなたという分別が起きたということです。それまでは、一の世界。二の世界がわかって、怖い、楽しいということが分かり始めるというのです。

だから、二歳のその子にとっては、まだ一の世界。恐怖意識がない。暗くなってきても、それすら感じていたかどうか。明け方に目が覚めて、明るいな、松だとか見えるな、と思ったかもしれません。それからまた暗くなる。ただそれだけです。

一の世界にいるから。もう少し大きい子なら、泣き叫んで疲れてしまうでしょう。一の世界は、恐怖心ゼロの世界です。あくまでも恐怖は大人の分別の世界にあるのです。ある意味で、子どもの世界は宗教の世界です。

キリスト教のアダムとイブの話もありますね。神様の世界では、彼らは素っ裸だった。ところがある日、ヘビにだまされて智恵の実を食べてしまい、追放された。神様の世界は、一の世界。男女の区別もない。ところが智恵の実、分別の世界になったら、男と女がわかり、裸ではおられなくなった。そこで神様の世界、一の世界を追い出されたと。

一の世界は禅の世界。自己本心の世界。それを追求していくのです。先ほどの話のように、盗んだかどうかというのは、相対の世界では大切ですが、それよりも、我々は真理の世界を追求するのが大切だと、お釈迦様は言うのです。一の世界の探求です。自己の本心に帰る。祖師方は多くの忍耐によって、自己の本心を探求してきたのです。

あのおじさんは純粋です。仏さんのような方ですね。分別心があったら本当のボランティアはできません。あのおじさんは何も利益を求めていない。本当の仏さんのような人ですから。

ここで、第三の疑問が生まれます。「おーい、おーい」と呼んでいたら、「僕、ここ」と言ったという。二歳の子が、そう言いますか？　べつにケチをつけているわけではないですよ。

おそらく、その子は「あー、あー」というような声を出していたのだと思います。それが純粋なおじさんには、「僕、ここだよ」と聞こえたのでしょう。仏の心ですから、そう聞けたということでしょうね。それが純粋性です。さすがは、あのおじさんだと思って感心しました。

ふと考えたら、みんな分別の世界にいるから、当たり前に聞いているのです。お釈迦様は生まれた時に、七歩歩いて右手を上げて、「天上天下唯我独尊」と言われた、と経典に書かれていますね。でもいくらお釈迦様でも、赤子がそんなことできますか。ではいったい、何なのか。赤子は生まれる時に泣き叫ぶというでしょう。笑って生まれる子はいませんね。自分なりに手足を動かそうとするでしょう。生命力ですね。その状態を、綺麗な心で眺めたならば、生まれた時に歩き出すと見るのでしょう。東西南北に自由に動ける、という動きとしてみて、「オギャー、オギャー」という声を、「天上天下唯我独尊」と聞くのでしょう。人間尊重というのは、こういうところですね。

母親は妊娠すると、愛情のホルモンが多量に出るらしいですね。出産した後には、とくにそうですね。それがなければ、子供をほったらかしにしてしまう。ところが、自然にいとおしく思うようになっている。

一方で男親はどうか。知らんぷりしている。でも、ありがたいことに夫婦というものは、男性も微量ですが、愛情のホルモンが出るそうです。自分も愛情を持って、というようになるのでしょうか。

ところで、赤ちゃんが笑うでしょう。あれはなぜか。嬉しくなったりすると笑うというけれど、なぜ嬉しくなるのか。三十六ヶ月しないと分別がないのに、なぜ笑うのか。夢でも見ているのかな。

みなさんはどう思われますか。じつは、お母さんが笑う真似をしているのだそうです。ただそれだけだそうです。最初に真似するのが、それだというのです。最初はぎこちないけれど、慣れてくると、にっこり笑うようになるそうですね。面白いですね。

人間というのは面白いものです。伝統的というか、習慣的というか、顔の表情は笑いからですね。笑いは我々にとって、一番大切ではないですか。一生、笑って過ごせる人は幸せですね。それは難しいことではあるけれど。

私もよくユーモアがお好きですね、と言われます。けれど、普段は坐禅三昧で、弟子には厳しいと言われています。ユーモアというのは自然に出てきますね。芸人さんは笑いを誘おうという意図があるだろうけれど、私はポッと出てきます。無文老師がそうでしたね。どこでどんなことをおっしゃったかは忘れたけれど、それは見事でした。オッと、いうようなことをおっしゃいました。

わが生まれ故郷——台南のことなど

去年は忙しい行事で終わりました。毎年十二月十二日の開山忌を終えて、中国の南京から入って北京に回って、公葬の行事に参加して、仏学院で話をして、中国仏教協会に一年間のお礼を言いに行きました。

そして台湾の花蓮の山奥にある、力行禅寺というお寺へ行きました。ここでは禅七《ぜんしち》という修行をしています。日本でいう接心です。今年は去年から続けて、まだやっているのではないか。十二月一日から一月一五日まで、八週間やっているのです。その話はまた後でしますが、これは台湾の縁です。私の生まれた故郷の縁で行きました。台湾は、私が生まれた地です。私は師匠の寺があった台南の生まれで、終戦まで台南の小学校にいて、それから帰国しました。

台湾では、空襲を受けて疎開も経験しました。終戦となって、疎開から帰ってきた人が台南の師匠のお寺へ来ました。大勢いて、雑居ビルならぬ雑居寺院でした。一緒にいた人の多くが亡くなりましたが。

それから引き上げということになって。小さい頃というのは面白いですね。何が宝物かというと、当時の私にはメンコ。砂漠の絵が描いてあって当時最高のメンコ。大切なものは自分で持たなくてはいけないと言われて、整理して隠しておいた。そうして集合所に行ったら、荷物を全部開けなさいと言われました。

中国の兵隊の検査です。荷物を開けて並べたのですが、そのメンコは出せませんでした。宝物ですから、命より大切でしたからね。土を掘ってメンコを置いて、土をかぶせて、さらにゴザを敷いて隠しました。おかしいですね。子どもはこういうことをするのですね。犬が食物を、穴を掘って埋めるのと同じ。習性でしょうかね、人間も犬も同じことですね。

検査が終わってから掘り返して、船に乗りました。引き揚げ船です。みんな疲れているから、船底へ寝に行ってました。私の師匠は入らないというのです。これが台湾の見納めだから、と甲板におりました。私も一緒にいました。台湾のガランピ岬というところ、これから北へ上って日本へ向かうという。

そうこうするうちに気分が悪くなってきた。船酔いです。おまえは下で寝てこいと言われて、船室に入ったのですが、地獄です。みんな吐いていて、臭いのなんの、その匂いでこちらも気持ちが悪くなる。ウワッと思いましたが、こちらもすっかり酔ってしまって。あまりにも疲れて、寝込んでしまいました。

朝になったら師匠が入ってきて、「秀南、飯食いにいかんか」というんです。お父さんどうしていたんだ、と聞いたら、ずっと外にいたらしい。周りを見たら、誰も飯を食う元気なんかないですね。私はどうにか体調が戻っていました。

師匠と二人で食堂に行ったのですが、誰もいない。だから、師匠と二人だけで食べました。いい思い出ですね。二人っきりで、師匠は「うまいなあ」と言って、食べていました。

小学校の三年生の頃です。その翌晩も船の中で寝たけれど、もう船酔いはせず、桜島へ着きました。そうしたら、噴煙が上って灰が降っているんです。こんなところで生活ができるのかと思いました。

そこから汽車に乗って京都へ行きましたが、闇列車で押し込まれて、なんとか席に座って、車窓から初めて梅の花を見ました。その時は梅か何かも知らなかったのですが。

京都に戻って、寺の本堂の片隅で生活しましたが、食べ物もない頃です。みんなが苦労しました。醤油なんかもないのです。塩があるかないか。水菜が食べられればいい方でしたね。塩味のスープです。塩すらもないくらいです。まあそれでも、なんとか命を永らえました。

中学校くらいまでは田舎におりました。昔はよく雷がなりました。一人の帰り道で雷がなると怖いので、延命十句観音経を唱えながら、何度も走りました。小さい頃の雷は、ほんとに怖かったですからね。

そんなことで、今も台湾に行くのです。台湾は私の生まれ故郷、中国は祖師の心の故郷と思っています。以前、中国と台湾の関係が悪かった時に、「どうして行くのですか」と聞かれたこともありました。

あるとき、台南の新港奉天宮というところから、ぜひとも寄ってくださいと言われました。ここは媽祖を祀っているのです。媽祖は民俗的な海の神様です。全くそれまでは知らなかったので、行ってもいいかと、信頼する台湾の浄心長老に尋ねたら、「行ってごらんなさい」と。

行ってみると、いわゆる、派手やかな台湾風のお祭りの日で、銅鑼と太鼓と爆竹で大歓迎。正殿でお参りをしてきました。それから、ちょっと来てくださいというので裏に回ったら、部屋の真ん中に大きな金庫があって、その中に、「今上天皇御寿牌」が入っているというのです。

これは戦前、台湾の植民地化の時代に、皇民思想の強化のためと称して臨済宗本山妙心寺から台湾の代表的な寺院に贈り届けられたものです。戦後は、そのすべてが壊され消失しましたが、新港奉天宮の天皇寿牌だけが残されたのです。

当時の神月徹宗管長から布教して安置してほしいと渡されたもので、それを我々は当時の妙心寺管長が配られたものだから、戦中戦後、いろんな問題が起きた時に金庫に入れて守ってきました、と話していました。いろんな迫害に遭うと困るので金庫に入れて守ったというのです。それほどまでに日本のことを思ってくれていたのかと、お礼を申し上げました。

そうしたら、向こうも喜んでくれて、よく言ってくださった、これから仲良くしましょう、ということになりました。何が縁になるかわかりません。それから交流をするようになり、行き来しています。

去年、神月管長が寿牌を収めて九十年だったのです。妙心寺と奉天宮とのつながりを祝おうということになり、台湾へ行ってきました。向こうの方も日本にいらっしゃるというので、どうぞいらしてください、けれども銅鑼や太鼓でお迎えはできないと言ったら、持っていきますと言って、本当に持ってきました。にぎやかにお迎えしたことでした。

坐禅修行のフリースタイル――台湾の山中寺院で

それから、台北の北投温泉の普済寺という寺の和尚です、と言ってやって来た人がおりました。じつは、その普済寺の成り立ちについて知りたいと言ってきたのです。

それで、思い起こしてみれば、台北臨済寺の開山、得庵玄秀老師がなくなって百年の遠忌を去年したのです。臨済寺は百年たっているわけですが、向こうは湿気が多いので、だんだんと朽ちてしまって。私としては、法の上ではおじいさんにあたる人の寺ですから、なんとかしたいと。再建するには台湾の人の寄進にたよらなければならないということで、シンポジウムを始めました。寺の由来と建築物について紹介して。それは純粋な日本風建築です。

台湾の日本寺院は戦後に潰されてしまいましたが、それでも台湾は親日なので、なんとか臨済寺だけが残っていたのです。この建物がいかに大事なのかを訴えるために、何度も台北でシンポジウムを開きました。

有識者を招いて、行政の人にも知ってもらって。それで改築が決まりましたが、今度はお金です。困ったな、と思ったけれど。浄心長老が助けてくださって。ほとんど、台湾サイドでお金を集めてくれて、立派に復興しました。

そんなこともあり、私は昔のことを調べたら、北投には温泉が出るのですが、日本人は温泉が好きでしょう。お湯に浸かりに行って、そこに信者さんが湯守観音というのを寄進していました。私の師匠が、その観音さまをお守りするために、小さな庵を作っていたのです。いろんな方の力を借りてですね。いわば開山のようなものです。

そのあとを鈴木何某という人に頼んで、自分は台南へ行って布教をした。その人が一生懸命頑張って、そんなこともあって、戦後の一時期廃れましたが、現在、普済寺として残っているのです。そんな因縁があるとは、最初に来た和尚は知らなかったのでしょう。そうでしたかということで、それから親しく、姉妹寺院として付き合っているのです。

その和尚が、花蓮の奥に禅寺があるから来てくださいというのです。なぜかと思ったら、その和尚の師匠がお寺を建てているのです。そこでは道場のような形式で坐禅をしているのです。在家の方もいる。そこで提唱や坐禅指導をしてほしいと言って、帰って行きました。

それならば、と一昨年行きました。二日くらいですかね。そうしたら感動した先方が、今度は長期で来てくださいと言って来たのです。それで出掛けました。

参加者はみなさん、坐禅をしたいから来ている。坐禅規則はあるけれども、規則の中で自由意思が尊重されますから、規則通りの坐禅をやめようと思えばやめて、自分なりの仕方で自律的に禅定をやっているのです。

例えば、私が山の中に案内されて。和尚たちの建物が散在していますから、車に乗って行くと、山中の道を瞑想しながら歩いているのです。自然の中で自分の立場をよく見ながら、三昧に入って瞑想している。ゆっくりゆっくり歩いています。

日本ではそんな形は許されません。きちっと決められたかたちがありますから。ここでは、坐禅の時間でありながら、そういうこともやっている。フリースタイルでありながら、ちゃんと規則の中にはまっている。これには驚きました。自分が思うように修行ができる、というわけです。

経行のスタイルも違います。速く歩く人、ゆっくりと歩く人、それぞれ自由です。走っている人もいる。私は一番遅いコースをとりました。若い人と一緒に歩くだけでも息が切れますからね。体調などで、最初からしない人もいるのです。じっと自分で瞑想している人もいる。いろいろですね。

こうして経行をしていると、自分の座へ帰る時にも、さまざまです。心を乱さないことが眼目です。もっと極端な人は、こうして経行をして、終わりの合図がなると、それぞれゆっくりと自分のところへ帰るんですが、人によってはパッと止まり、じっとしている。いつまでそうしているのかと思うほどです。一五分か二〇分くらい、立ったままで戻らない。

日本ではありえない。そんなところに立っとるんじゃない、と言われますよ。面白いですね。そうして自分の心を整えていく。そういうのが認められているわけです。誰にも迷惑をかけないわけですから。

通訳を介して提唱もしましたが、真剣に聞いてくれました。みんなとの交流も大切だから、茶礼でもと思ったのですが、大人数だからそう簡単に集まれない。それで対話にしました。

部屋が足りないので、テント村を作っていました。二畳くらいの板を置いて、その上にテントを組んで、それで雨露をしのぐのでしょう。日本のように寒くはないのです。一つのテントに、二〇人から三〇人ほどいましたか。誰も文句も言わない。

そんな雰囲気の中で、野外でしましょうということになった。大きなテントの下にテーブルがあって、私はそこにいましたが、中に座れない人は周りの土の上に座っていて、お茶を飲んでお話をしました。

私もこんな屋外でやるのは初めてでした。そこでふと思った。お釈迦様の霊鷲山をお参りした時、ちょうどこのような広さだった。お釈迦様も弟子への説法は屋外でした。ちょうどそのようではないかな、と。

一人一人にお国はどこかと聞いて、世間話をしたのですけれど。中には、中国から来ている坊さんがいました。それから香港、シンガポール、インド、アメリカ、カナダなどから。本当にあちこちから来ていましたね。

総勢、二百人を越えていましたから。ある和尚は、自分は坐禅を教えに中国大陸へ何カ所か行っている、と言ってました。インドから来た人は半ばボランティアで、ご飯を作ったりしていました。典座も、大所帯ですから大変ですね。

そんな体験を去年の暮れにしてきたのですが、日本の禅堂も素晴らしいけれども、こういうフリースタイルな禅会も素晴らしい。なればこそ、多くの人が来るわけです。その中でも、男女はきっちり区別されています。知らずに女性の側に坐っていたら、違いますと言われます。入り口も違う。そういうところはきっちりとしていますね。揺るぎがない、しかし女性と男性と、それぞれの中は自由です。

盛んなのですね。今年も来てほしいと言われていますから、行かなくてはと思っています。とは言っても、自分の修行です。勉強させてもらうことばかりです。知らないことばかりです。やはり、いろんなところの国民性などを知っておくということは、自分にとっては幸せです。

菩薩としての願い――四弘誓願について

四弘誓願については、みなさんよくご存知ですね。これは「誓願」ですから、あくまでも願いです。成就するしないに関わらず、こういう願いを持って生きていく、ということです。菩薩ということの願い、生き方ですね。

その四つの誓願とは、「衆生無辺《しゅじょうむへん》誓願度《せいがんど》、煩悩無尽《ぼんのうむじん》誓願断《せいがんだん》、法門無量《ほうもんむりょう》誓願学《せいがんがく》、仏道《ぶつどう》無上《むじょう》誓願成《せいがんじょう》」です。

初めは「衆生無辺誓願度」。生きとし生けるもの、無限のすべてを救っていく。そういう願いが坊さんの最初の願いです。これがなければ坊さんでないし、仏教者、仏教信者とは言えません。合同船ですね。自分だけが救われるのではない。みんなが救われるということ。それを、生まれ変わり死に変わりしても、貫いていくのです。

それでは、坊さんは死んだらどこへ行くか。地獄です。極楽なんて、とんでもない。そういう願いを持たなくてはいけない。なぜか。あなたもわたしも、みんな地獄に落ちているからです。地獄の人とともに生きて行く、ということですね。

これが、前にお話した布袋さんです。布袋さんは、ああしてニコニコしているけれど、地獄に落ちた人とともに、にこにこしているのです。そこに素晴らしさがあるのです。

次は「煩悩無尽誓願断」。これも同じく願いです、尽きないのが煩悩ですからね。なくなれば仏様です。煩悩があるから人間です。よく質問を受けるんです。坐禅をしたらすぐ、妄想・煩悩が出てくる。どうしたらいいかと。私はこう答えます。素晴らしいことです。人間である証拠ですよ、と。ただし、その妄想・煩悩にとらわれてはいけない。とらわれないということが「断」です。

少しでも煩悩にとらわれないように生きていく。とらわれないようになると、次が出てきます。それがなくなると、また次が出てくる。それにもとらわれない。そういうふうに生きていく。

ただ、夜も眠れないようでは困りますね。私の場合は、今でも寝ることが唯一の楽しみ。仕事が終わって、風呂に入って、はやく寝よう、と思うのですよ。布団に入ると、やっと寝られた、よかったと思うんですよ。すると、すぐに寝付きます。けれど、何時間かしたら小便がしたくなって目が覚めます。時計を見ると、まだ夜中の二時くらい。ああよかった、あと二時間寝られる。この嬉しさですね。またすぐに布団に潜り込むんです。

すると嫌なベルが鳴る（笑）。まあ、この起きる時の嫌さ。これこそ生きている証拠やと思っているんです。起きるの嫌や、というのがなくなったらおしまいです。さわやかに起きました、なんて言いますけれど、不思議でかないません。私は朝は眠くて、少しもさわやかではない。しばらくしてやっと体調が戻って、朝のお勤めなどしますけれど、本当はずっと寝ていたい。

不眠なんていうのはないですね。幸せだと思っています。眠い時はすぐ寝てしまいます。昨日おとといか、田辺から帰ってくる途中で、天王寺に入る前にウトウトして、はっと気づいたら、どこかの駅です。どこかと思ったら新大阪で、みんな降りてしまっている。これはえらいこっちゃと思って、急いで降りました。

だから、煩悩があるということは生きている証拠。煩悩は悪いものだと思いますが、逆に、生きている証拠。一面で、ありがたいことだと思って、煩悩を拝んで行かなくてはいけません。

そして「法門無量誓願学」。仏様の教え、真理というものは、学んでも学びつくせないということです。学ぶべきことは、尽きることなくあります。しかし能力は限られていると思います。その能力の中で勉強することが大切です。

年を取ってからは暗記もできなくなります。それを知っているのは自分です。あれもだめだ、忘れてしまったと思いますが、一面、若い頃とは違う思考ができるようになった、とも思うのです。それと、ありがたいことに、糸口があれば次々と記憶は戻ります。昔はこんなことはなかったな、と思います。年をとったおかげです。これも脳の働きでしょう。

そして、脳の活性化をさせなくてはね。自分でこれをやろう、という意気込みが大事です。やらないといけない。そうして嫌がられるんだけれどもね（笑）。この頃はみんな、私の性分をわかってくれて、ありがたいですね。

ノー・サンキュウ（No thank you）というのは、いい言葉ですね。ありがとう、と

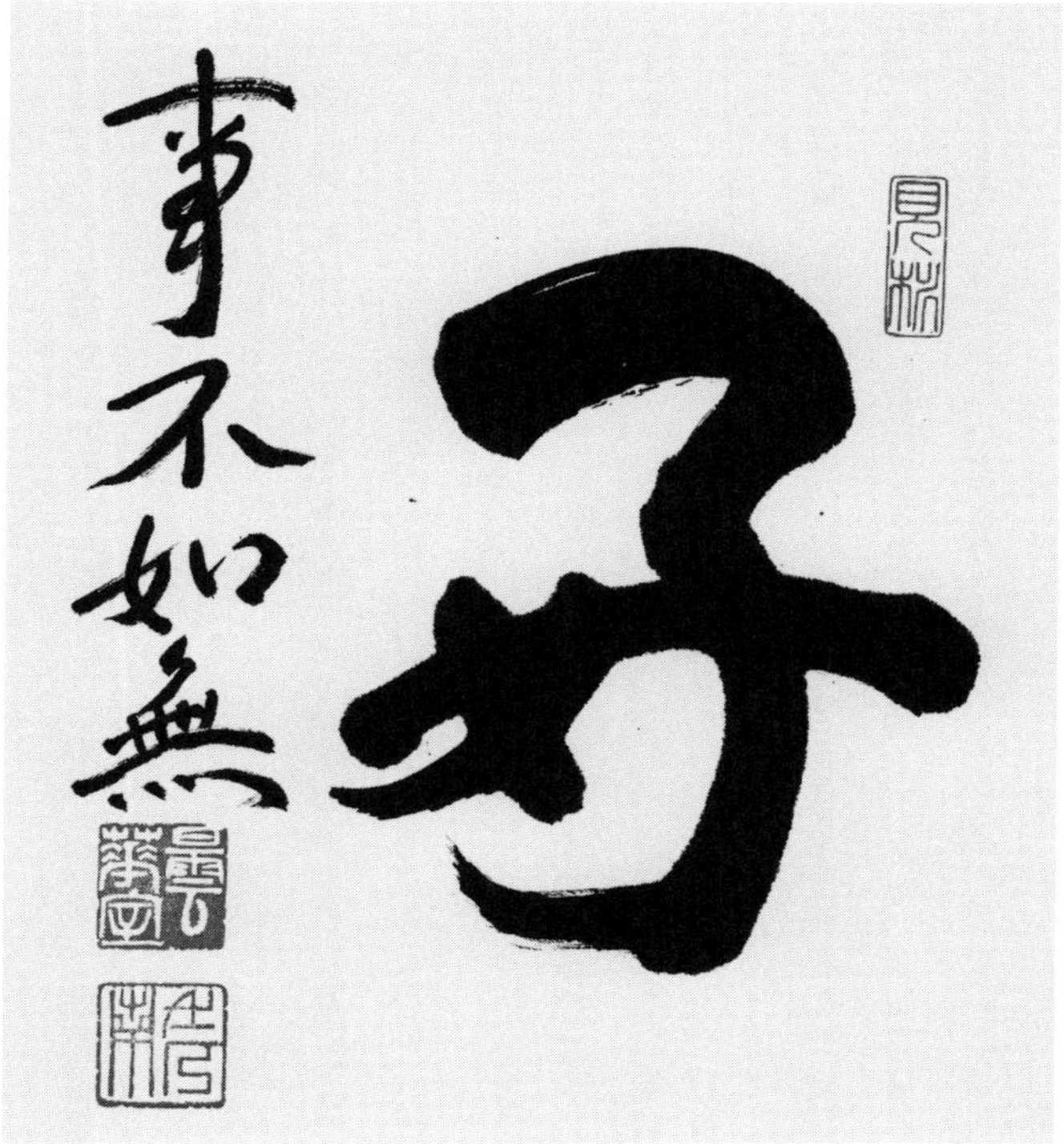
好
事不如無

いう言葉が入っていますね。ノー（No）と言っているのに。相手の気持ちに感謝しつつも、ハッキリと断っている。それを日本語でしなくてはいけない。脳の活性化になりますね。

一番いいのは、荷物を自分で持ち歩くことです。外国へ行った時、みんな持ってくれるので渡していたのですが、誰が持っているのか分からなくなってしまうのです。欲しい時に荷物がどこにあるのかわからない。探しようもない。困りました。

中国などで偉い人に会うでしょう。土産を持って行った時に、パッと渡さなければだめです。どこで誰に会うかわからないのです。後からは渡せないのです。だから、今では自分で持っていて、いまだ、と思ったら、パッと即座に渡すのです。そんなこともあって、持てる間は、自分で荷物は持つと決めたのです。

体力の活性化、脳の活性化です。呼吸でも何でも廃棄物は全部出す。そうすればいいものが入ってきます。坐禅でも悪い息を出して、いい空気を入れます。同じように、人間も水分です、悪い水をできるだけ出さなくてはいけないと気づきました。

無文老師は必ずお風呂に入っていました。お湯に浸かって汗をかく。これは大切ではないかと。汗を出して、上がるとジュースを飲んでおられました。いまはジュースよりも、水がいいかもしれない。汗を出すこと。悪いものを出す。そうすれば新しいものが入ります。脳も活性化すると思います。

それから私は今、ヨウ素を飲んでいます。若返りになりますね。若々しさの秘訣です。生物が発生したのは、三八億年前。マグマから出てくる海底の熱水のあたりで生まれたという学説があります。生き物にとって大切なのは、水とヨウ素だそうです。ヨウ素はそれほど必要でないと思われていましたが、そうではないそうです。細胞が新鮮になるという。溶岩が吹き出てくるところで生物が生まれたから、新鮮な細胞を作るのだと。細胞は活性化しなくてはいけませんね。

「法門無量誓願学」です。常に学問的にも肉体的にも、新鮮なものに入れ替えなくてはならない。頭の中にも新しいものを入れなくてはいけませんね。

そして最後が「仏道無上誓願成」。地上に仏国土を成就していこう。平和な世界を築いていこう、ということです。現実世界には問題が次々と起きますが、その中でも平和な国でありたい、幸せな日々を過ごしたい、という願いを持つ。それがいつか成就するように。そういう菩薩の願いを持って、正しく過ごしていこう、ということです。

誓願を持つ。それが仏教者の務めではないでしょうか。そんなことで、日々、努めていきたいと思います。

II

禅と自然と人生

大自然と共に生きる

この地球上に生物が生じて以来、今年（二〇〇九年）はダーウィンの生誕二百十年に当りますが、生物は徐々に進化して来ました。

もちろん人間も地球上の生物ですので、最初に生まれた生物体より進化し、長い地球の歴史の中で、地殻変動する環境にも順応し、私達の先祖は（先祖といっても、人間の姿となるのは歴史上極めて最近のことですが）、ある時は極寒や極暑に対処し、ある時は他の生物との生存競争の中で苦しみ、また自分自身の命を保つための食欲に飢えて苦難しながら、その時、その場に対応し、子々孫々、生命を断絶することなく現在に至っているのです。私たちの先祖の、子孫を残そうとする忍耐と努力によって、私たちが今ここに存在しているのです。

両手をご覧ください。実に見事に指が動きます。また、いろいろなものをつかめます。この手はいろいろなものを作り出します。この器用さはいったい、いつ頃、どうやってできたのでしょうか。

ある資料によると、私たち先祖がまだ海中で生活していた魚の時代、もちろん、どのような姿かたちをしていたかは分りませんが、海中に巨大な魚が泳ぎ回り、私たちの先祖を餌としていた頃のこと。

ある時おそわれて恐怖を感じて逃げて来たところが、河口の木々の枝が流れ集ったところでした。そこまでは追って来られず一安心でしたが、今度は木々の枝の中を上手に泳がないと、体に傷がつく難しさが生じました。

そこで前ひれを使う工夫を重ねて、この枝の中を泳ぎ回る至難の技を生み出したというのです。実にこの創造的主体性の動き、それは忍耐と努力の連続でした。そして、いま私たちが無意識に使う手の動きの巧みさの根本が作り出されたのです。

これは一例にすぎませんが、私たちの先祖はこの地球という大自然の中で、いかに順応し、それと一体となって生きて来たか。自然を離れてはとうてい生きていくことはできなかったのです。

ですから、私たちは大自然と共に、互いに一体和合して生きていくことが大切であるのです。そこに道といいますか、人間の生き方といいますか、端的に言えば、「禅」といってもよいと思いますが、そこに大自然の道理をよく認識することが、人類にとって最も重要なことであるのです。

レオナルド・ダ・ヴィンチの手記を読みました。彼こそは「万能の天才」であると言われているように、そこには人生論からはじまり科学論にいたるまで、自己の経験から理論、実践、天地、自然の動植物、無生物に至るまで、ことこまやかに記されています。

その自然を観察する眼の鋭さ、洞察力には驚かされます。科学者の立場より自然を探究し、克明な、綿密な、知的、理性的な観察のすばらしさがあり、自然と理性的立場より一体となっているのです。

そこに発見があり、独特な創造が作り出されてくるのです。これが創造的主体性の確立ということでしょう。「モナ・リザ」や「最後の晩餐」に見られる絵画の奥深いところに、彼の自然を観察し尽したところより湧き出る、創造的主体性が表現されているのです。

諸行無常の悟り——創造的主体性

お釈迦さまは二千数百年前、インドのブッダガヤの菩提樹の下でお悟りを開かれました。何を悟られたのでしょうか。それは大自然は因縁の道理の中で動き、全ての存在は因縁の法に則っとってあり、一個の自分もまたしかりである。したがって、今いただいているこの命が、いかに尊いものであり、自分だけでなく、すべての人々も同じく尊いのである、と自覚されたのです。

ここのところを、一仏成道観見法界　山川草木悉皆成仏と説いてあります。お釈迦さまが悟りを開かれて、その眼で大自然を観ると、山川草木森羅万象が全て尊い一個の存在として光り輝いている、との実感でした。これが仏教の自然観であるのです。

この世に存在するものは全て、縁によって生じ縁によって滅するもので、諸行無常であり、したがって、そのものの実体はない、諸法無我であるのです。この道理、教えは、私たちにとって極めてあたり前のように思い、知識としてはよく理解しているつもりですが、実際の生活ではまことに困難な事柄が起こり悩むのです。

自然は日本の場合すばらしい環境にありますから、春夏秋冬の四季の移り変りが感じとられます。春は花が咲き、若芽が出て新緑となり、さらに青葉茂り、秋風が吹けばやがて霜が降りて美しい紅葉となり、最後には落葉となって散っていきます。この一年の移り変る流れの中に、自らをいかに託するかが問題です。

春、初夏、秋の時候のよい時は気分よく過せますが、真夏の暑さ、真冬の寒さには気分が乱れ、それから避けようとします。避暑とか避寒とか言われますが、それが可能ならば不平はありませんが、不可能な時は暑いと言い、寒いと言っては悩み苦しみます。

人生またしかりです。生命をいただいて生まれて来た私たちは、諸行無常なるがゆえに成長するのです。幼稚園、小学校、中学校、そして社会人となり、懸命に頑張って働きます。そして社会において、それなりの地位を得て経済的にも人格的にも人生の頂点に達します。

もちろん、誰もが頂点に達するわけではありませんが、しかしその頂点、つまり会社ならば社長、学校ならば校長、政治家ならば総理大臣ということでしょうが、達したからといっていつまでも頂点にはおれません。人間、自分が可愛いがゆえに、ついこの頂点にしがみついて離れることができない。頂点に達すれば、その後は下り坂があるのみです。ここをよく認識しておかないと、道を間違ってしまいます。

季節で言えば紅葉から落葉となって散っていくところです。老いた私たちの美しさは、あの紅葉が照り輝く美しさでしょう。美しい紅葉の一葉一葉のような老い姿でありたいものです。しかし、その紅葉もいつまでも続きません。「裏を見せ　表を見せて散る紅葉」です。その人その人の老い方があり死があるからこそ、それぞれに尊いのです。この因縁の道理というのは、実際その時、その場にならないと私たちは本当には解らないのです。

そこでお釈迦さまと同じように、体を調え、呼吸を調え、心を調え、自己の奥深くを見つめて、自分の因縁を正しく考えてみる必要があります。これを坐禅と言います。古人は「禅とは心の名なり。心とは禅の体なり」と定義していますが、因縁の道理をじっくりと見つめる、本当の自己を心といい、この心が実は禅なのです。禅はしたがって、自然の道理であるのです。

禅では「天地と我と同根、万物と我と一体」と言います。坐禅をして一心に坐り込みますと、私もなくなり天地もなくなり、天地宇宙と一体となる心境を味わいます。禅の祖師が説かれる、本来無一物の境地です。

その何もない心境から抜け出た時、実は山を生み出し、川を生み出し、草木を生み出し、森羅万象を生み出す働きが出て来るのです。これこそが創造的主体性であるのです。

その創造的主体性は、常に山と一体、川と一体、森羅万象と一体で、自然と一体であり、因縁の道理をそのまま受け入れていくのです。これを「正受」と言います。何もない清らかな心なるがゆえに、全てのものを素直にあるがままに受け入れられるのです。ここに生きた人間の創造的生活があるのです。

つまり毎日を惰性で過ごすのではなく、不平不満で過ごすのではなく、積極的主体的に一刻一刻を過ごすのです。ここに新鮮な命の息吹があり、意義ある人生が送れるのです。

創造的主体性に目覚めた人の生活は朝起きて夜寝るまで、行住坐臥の全てが真実であるのです。顔を洗うのも、茶を飲むのも、歩くのも寝るのも、全てが禅的生活であるのです。

妙心寺開山無相大師は先年、六百五十年の遠諱を迎えました。無相大師はお悟りを開かれてから、今の美濃加茂市の伊深の里で、地元の農家の人々と共に、田植えをし、田の草をとり、稲刈りをし、牛や馬と共に、畑や田を耕やかされたのです。朝晩は山のふもとの草庵で読経され、坐禅をなさった。

朝の太陽と共に起き、月の明かりと共に床に就いたのです。鳥の鳴き声に自然の大いなる声を聞き、山の緑に自然の美しさを日々新鮮に受けとめられ、生命の尊さに感謝されて、八年間を過ごされたのです。この大自然の中にあって見事に調和され、すべてをまかせきった大きい心の持ち主であられたのです。

禅者の生き方

私は十年前に二泊三日で、招待をうけ大法要に参列するために中国の長沙に行きました。

長沙近くに中国の五岳の一つである南岳があり、それは一名、寿岳とも呼ばれています。全部で七十二峰ありますが、私たち禅宗の祖師方を多く輩出され、唐代・宋代に栄えたところです。

高さが一三〇〇メートルもある連峰で、その山中で禅僧たちは生活を続けたのです。

人里までは遠く、今でも車で三十分はかかりますので、自給自足の生活です。畑を作り、植林をして薪を作り、その薪を燃料として、暖をとり食事を作ったのです。樹齢三千年にも及ぶイチョウの大樹がありました。また千五百年も年経た杉の大木もありました。そこに住む人々も、八十歳以上の人が数百人もいると聞きました。

大自然はみな互いに助けあって、長命であり長寿です。寒い時は寒く、暑い時は暑く、雨の時は雨の中で、霧の時は霧の中で、自然とその中の生物は調和して過ごすのです。自然を離れて、日暮しはできないのです。因縁の道理にしたがって、自然の心を磨き上げたのです。ここに禅者の生活があるのです。

帰国する日の午前、私は時間をとって七十二峰の一つ岳麓山にある麓山寺を訪ねました。この寺は唐代は鹿苑寺と呼ばれた大叢林でした。そこで、このような話がありました。

景岑という和尚さんが、ある日のこと、朝の勤行と朝食の後、姿が見えないのです。副住職さんが心配になり、何処へ行かれたか探しに出かけるが分らない。誰れかに拉致でもされたのか？　現代ならばそうでしょうが、とうとう晩の三時からのおつとめの時間にも姿が見えないので、門まで出て心配顔で待っていたそうです。

そうしたら夕方、和尚さんがゆっくりと楽しそうな気分で帰って来られた。副住職さん、堪忍袋の緒が切れて「和尚さん、今日は朝から何処へ行っておられましたか」と、大変な剣幕で問いつめました。

和尚さんは、どのように答えられたでしょうか。普通平凡な返事ならば、里の信者さんのところへとか、山中の滝を見て来たとか、川遊びをしたとか、具体的な事例を出して答えるものです。

しかし、和尚さんはこのように答えました。「始めは芳草に従って去り、また落花を逐うて回《かえ》る」と。

今日は天気がよかったので、つい足の赴くままに草の匂いがよいなと感じながら、若草を踏みしめて歩いていて時の経つのも忘れてしまった。どれほど歩いたか、川に沿って谷間を歩き、ふっと気がついたら、もう山頂近くになっていた。頭の上を見ると太陽が頭上から照っている。

もう十二時だ、早く帰らないとおまえさんたちが待っているからと思い、引き返し出したら、午後からはさわやかな風が吹いて花びらを散らし、何と美しいことよと、花びらの一枚一枚を追いかけていたら、寺へ帰ってきてしまったよ、と。

これは実に、自然の中に遊んで三昧になって時間の経つのも忘れた禅者の深い境地を、詩でもって語っているのです。この境地こそが、自然と同化し調和した無心の人の創造的主体性の働きなのです。ここまで徹しきることが大切なのです。これが因縁の道理に生きる人の姿であるのです。

現代人は科学文化が発達し、豊かにして清潔な高度な文化の中で、自然といささか距離をへだてた生活をしています。自然のよさ、深く味わいのあるものに見向きもしないで、スイッチ一つで寒暖の調節ができ、利便性を追求して、欲望をいつどこでも満たせる時代であるのです。

確かにこれはすばらしいことであり、この高度な文化生活を全て捨て逆行せよとは言いませんが、はたして今の現実でよいのか、改めて考えてみる必要があるのではないでしょうか。

自然を征服し破壊するのではなく、自然と共に調和し同化して、生物の原点に帰っ

てみることも必要ではないでしょうか。毎日の私たちの生活を、今一度見直す時代であると思います。

龐居士という生き方

家中に一物なし

インドから伝わった仏教が僧侶中心に教理の研究に力を注ぎ、自己の修学が自己本来の自覚の終結であると考えていたのが、中国初期の仏教の在り方でありました。しかし社会的変化と共に仏教も変革し、地方への活動、民衆の中に根づくものとなって、土地と風土、習慣と民衆に深く根をおろしてゆくのです。

とくに達磨大師伝来の禅宗は、唐代に入り江西、湖南に新たな地盤をもとに禅宗独特の新興の気風を萌えさせます。その一つが江西の馬祖道一禅師で、他の一つが石頭希遷禅師で、この二大禅匠のもとに国内より修行者が雲の如くあつまり、水の如く流れて来て、多数の同志が心を一つにして、禅匠のもとで真剣に修行につとめたのです。

この因縁によって禅の修行僧のことを、雲水と後世称しています。大禅匠を頭として修行することが重要であって、近世において雲水の言葉の真の意義を理解せずして、ただ地方を旅するだけで、修行もせず歩き廻って自分の趣味・興味を深め、自然の中で生活している人を雲水の如く称している、間違った風潮があることは、注意しなければなりません。

さて、江西の馬祖道一禅師（七〇九?—七八八）を指導者と仰いで、修行につとめた門下生は約八百人いたといわれ、その中から優秀な禅僧が次々に輩出し、唐代仏教を禅で代表させるほどに大活躍をしたのです。つまり中国四百余州を風靡したのが禅宗でありました。

その中に龐《ほう》居士がおり、馬祖禅師のもとで参禅し、その法を嗣いだ一人でした。しかし、僧として出家をしたのではなく、在家の居士として一生を通した、異色の仏教徒でありました。

その行動思想は生来の質直さから発揮せられ、『維摩経』にある質直の心を起こして、正しく善行を行じた禅者であり、中国の維摩居士と呼ばれました。

日々、直心清浄のままに、菩薩行を現じて、それは維摩居士が、お釈迦様の高弟を次々とやりこめたように、当時の禅僧たちと対等に問答商量し、禅鋒を爽快にくじき去り、跡を留めない禅姿は、清風が竹葉を払うが如き感がするのです。

一点の塵もない竹を割った如き、素直な心境を常に護持して毎日を過ごした。妻と一男一女の四人で小さな庵を建てて、仏道修行に励み、数年にして家族すべてが悟りを得たと、龐居士語録の序には記してあります。

その後、一家の家財道具を舟に積み、洞庭の湘江に漕ぎ出し、すっかりそれを川に沈めてしまった。それから後は川の流れに浮かぶ、一枚の木の葉に似た生涯であったといいます。一家は竹細工を作り、道端でそれを売って生計をたてていたという、枯淡な生活を主体性をもって日暮ししていたのです。

現代の豊かな生活に麻痺した人々とは、似ても似つかない生活であり、しかも僧侶ではなく、家族のある居士の立場での日暮しでありました。現代人は今この点をよく見つめ直してみる必要が大いにあると思います。

龐居士は人生問題解決のため、まず石頭禅師に参じ、たちまち我見で氷の如く固くなった心境を水の如く融かしてしまった。その後、馬祖禅師に参じ本来の心に目覚め、その真理の奥の奥まで達して、自由自在の境地を得たのです。

また、龐居士は詩文に秀でて詩篇を作り、当時の節度使于頔《うてき》公はこの詩篇を入手して、ことのほか敬慕の念を深めました。そして一度会ってみたいと訪ねてみると、昔からの親友のように深く心に通じあうものがあったというのです。

悟りの機縁——馬祖禅師と龐居士

さて、龐居士の悟りの機縁ですが、それは後世、有名な公案としてある、「一口に西江の水を飲み切ってしまえ」です。

石頭禅師のもとを辞して馬祖禅師にお会いした。その時質問して、「一切の存在と関わりあいをもたない者は、どういう人でありましょうか」。馬祖禅師は答えて、「あなたが西江の水を一口で飲み切ったら、それを云ってやろう」と。龐居士は即座に玄妙の真理を悟ったのです。

「一切の存在と関わりあいを持たない者は、どういう人でありますか」。この質問は最初に訪れた石頭禅師に尋ねて、手でもって口をふさがれて、はたと気づくところがありましたが、まだ決定していなくて、この疑問を持ちつづけていたのです。その中での今回の馬祖禅師の教示で、大いなる疑問が解決したのでありました。

龐居士はやはり宗教的天才でありました。そこで馬祖禅師に、その心境を示した偈が次の如くです。

十方、一会《いちえ》を同じくし
各各無為を学ぶ
此《これ》は是れ選仏の処

心空《くう》じて及第《きゅうだい》して帰る

ここ馬祖禅師のところには、雲の如くに全国各地から修行者が集まり、各自が共に禅道を求め、一人一人が自然の道理、あるがままの道理を学んでいる。ここはまさに仏子を選考する試験場であり、全ての者がいま選考をうけている。その中で、いま私は心を空にしたがゆえに、選考に合格して喜びをかみしめ、本来の自己の家郷に帰ってゆくのである。

このように大悟を得て、さらに二年間、馬祖禅師の膝下にとどまって、悟後の修行を積み、在家の一修行者として、きわめてつつましい日々を過ごしたのです。しかも禅者としての悟境を深めていきました。それは専門の禅僧も及ばないものであり、先に述べた如く禅僧と互角に渡り合い、機鋒鋭く相手の胸元に立ち入って、自由自在な活動となるのでありました。

ある日、斉峰和尚を訪ねた。居士が禅院に入るやいなや、和尚は云った、「俗人がひとりしげしげと院に入ってくるが、何が目当てかな」。すると、居士は左右を見廻して、「そう云うのは誰だ、そう云うのは誰だ」。すかさず和尚は一喝した。居士云く、「ここにいるぞ」。和尚が「正面切って云ったのかな」。すると居士は、「うしろのは?」。和尚がふり返って、「見ろ見ろ」と云うや、居士は「盗賊は大敗した。盗賊は大敗した」と云った。

この問答の如く居士は和尚の心髄をえぐり取る、鋭い禅機を使いわけるのでありました。

一切は空——生と死をめぐって

諸行無常の道理にしたがって、龐居士も亡くなる時が来た。娘の霊照に部屋から出て、太陽の高さを見て来て、正午になったら知らせてくれないかと云う。霊照は指示通り外に出ると、急いで戻って来て知らせた。「もう正午です。それに今、日蝕です。お父さん、出て来てご覧になったらどうですか」。

龐居士が「そんなことが起こっておるのか？」と云って、窓側に行って見ている間に、霊照は椅子に上って坐を組んで、そのまま息を引きとった。龐居士はふり向き、その娘の姿を見て笑って、「娘のやつ、すごい早技じゃ」と云い、ねんごろに火葬に付して送った。

七日後に、于頔公が見舞いに来た。龐居士は于公の見舞いを有り難く受け、じっと見つめながら、「一切は空であると徹見されて、お達者でお過ごしください」と云い終えると、端坐したまま静かに息絶えた。

葬儀万端を執り行い、遺骸を荼毘に付す一方、すぐに使いを出して妻に知らせると、妻は「あの阿呆《あほう》娘と愚か爺《じじい》と、私に断りなく逝ってしまった。我慢ならない」と云い、息子に知らせに行った。

焼き畑の土を耕していた彼は、鋤《すき》を手放してしばらくして、立ったままで息を引きとった。妻は、「なんというこのどら息子の阿呆ぶりだ」と嘆き、火葬して見送った。

妻はその後、村内の各家庭を訪ね、お別れの挨拶回りをして、その後、何処へ行ったか知る人はいない。

このように龐居士一家の末期は、世間的視野からすれば奇異な感がしますが、仏教的真理の立場からすれば、一切は空であり、すべては影や響きのようなものである、この道理に順じて世俗を脱したのです。

龐居士は日頃、詠じていました。「息子はあれど嫁は取らず。娘はあれど嫁には行かない。一家そろってむつまじく、仏《ほとけ》の法《のり》を語り合う」と。一家むつまじく仏の法を語りあう仏教徒の生活態度は、現代社会に最も大切なことではないかと思います。

また龐居士は、「余は田舎翁たり。世上最も貧窮なり。家中には一物もなし。口を啓《ひら》けば、空空と説く」と詠ずるのです。

日々の赤貧無一物の生活と、般若心経の一切皆空の理の体得とを詠じたもので、「私は一日一日の食いつなぎで精一杯です」と、禅僧に答えたこととあわせて、枯淡な禅生活であることを示す言葉でもあります。

このような龐居士の日用即妙用《にちゆうそくみょうゆう》の生き方こそ、民衆の愛慕と敬慕の念を誘ったのでありました。

延命十句観音経のこころ

観音経について

観音菩薩は、日本をはじめとし東南アジア諸国において民衆の信仰を一身に集めて来ました。観音菩薩は観世音菩薩の略称ですが、観音信仰を説く古くて重要な経典が『観音経』です。実はこれは『法華経』の第二十四章で、鳩摩羅什の中国語訳でいえば「法華経普門品第二十五」に当たる経典です。

はじめに『観音経』の観世音菩薩について少々お話しましょう。

その冒頭で、無尽意菩薩が観世音菩薩のことを釈尊に尋ねます。「世尊よ、観世音菩薩はいかなる理由で観世音と呼ばれるのですか」と。

すると、釈尊は答えます。「もし数限りない衆生がさまざまな苦悩を受けた時、観世音菩薩の名を聴き心に留めれば、たとい大火に落ちても観世音の威神力によって火から救われるであろう。また大水に流されても観世音の名を呼べば、水の浅いところに行き着くであろう。同じく大風の時もまたしかりで、この理由により、観世音と呼ばれるのです。その他、人々が悪魔から危害をうけた時、あるいは賊に襲われた時、観世音の名を称えれば、難から免れることができるであろう。観世音菩薩の威神力はすばらしいものである。さらに、人々が愛欲に耽る時、怒りにかられた時、愚かになる時、観世音菩薩の教えによって、たちどころに欲や怒りや愚かさから離れることができるであろう。観世音菩薩は、このような大威神力をそなえているのです」と。

続いて無尽意は次のように質問をします。

「観世音菩薩はどのようにして、この娑婆世界を遊行して衆生のために教え説かれるのですか。その教化方法はどのようなものですか」

それに答えて、釈尊は「観世音菩薩が、仏、辟支仏、声聞、梵天など種々に身を変えて、変化身を現わして衆生のために教えを説くのです」と告げられます。これが後に「三十三身十九説法」と言われるようになります。

釈尊はなおも続けて、「観世音菩薩はこのような功徳を成就し、種々のかたちを現わして、さまざまな世界で遊行し衆生を救ってくださるのですから、皆さんは一心に観世音菩薩を供養することが大切です。そして、この観世音菩薩は、怖れおののく者に『無畏（怖れのないこと）』を施すので、施無畏者とも呼ばれるのです」と。

このように『観音経』は、観世音菩薩の真実相の功徳などを説いて、私たちに一心に観世音と称えることにより、多くの苦悩から解脱し、安心の世界にたちどころに入ることができると、平易かつ具体的に示しているのです。

現代的に言うならば、個々人の持っているストレスや苦しみを次第になくして、心の安らぎと平安を与え、ひいては、いのちを末永く頂戴できるというのです。観世音菩薩はそのような素晴らしい菩薩であるのです。

わが心の十句観音経

さて、この観世音菩薩の功徳を短くして説き、格調高く称えやすく、十句にまとめたお経が、『延命十句観音経』であるのです。

これから、その『延命十句観音経』について述べていきましょう。まず、その全文を示します。

観世音。南無仏。与仏有因。与仏有縁。仏法僧縁。常楽我浄。朝念観世音。暮念観世音。念々従心起。念々不離心。

観世音。南無仏。仏と因あり、仏と縁あり。仏法僧の縁ありて、常楽我浄となる。朝に観世音を念じ、暮に観世音を念じ、念々心より起こり、念々心を離れず。

短い経典ですが、「延命十句観音経」という題目にあるように、その主題はなんといっても「延命」であり、寿命を延ばすことが最も大切であるということです。長生きすることが、仏さまから命をいただいた者にとって一番の幸せなのであり、命を粗末にすることはできません。とくに仏さまから授けられたこの命を思い、日々、命を傷をつけることのないように大切に守って、十二分に自由自在に、その命を使い切って、最後に仏さまにお返しをして、息をひきとることが大切です。

その時、静かでさわやかな風が吹いて、どこからともなく良い香りが地上に満ち、松風の微声が聴こえ、天地に塵なく、月光があたかも秋の稲田の如く、光り輝く黄金の世界が現出することでしょう。

その題目にある通り、このお経の功徳は「延命」の二字に尽きるのです。延命と長命のために、観音さまを称える有り難いお経であると、まずは信じてください。

そこには、おそろしさという恐怖心、欲望や怒りや愚かさの三毒、火・水・風害の災難、天災や人災など、命をおびやかす諸々の苦悩、すなわち、命を縮める要因を、ことごとく解消し取り除く働きがあります。そうして円満にして長寿の生活ができるようになるというのです。

次に本文に入ります。はじめに、「観世音」と観音さまの名を称えることから、始まります。

『観音経』には、「善男子、もし無量百千万億の衆生ありて、諸々の苦悩を受けんに、この観世音菩薩を聴いて一心に称名せば、観世音菩薩は即座にその音声を観じて、皆な解脱することを得せしめん」とあります。

私たち凡夫が数限りない多くの苦しみの中で、もがき苦しみ、怖れている中で、ただ一心に「南無観世音菩薩、南無観世音菩薩」と称えるのです。すると、その声を聴いて即座に、観音菩薩は大慈悲を垂れて、私たちの苦しみを除き解脱せしめてくださるのです。

ここで大切なことは、一心に御名を称えることです。自らが観音さまになり切って、一心に称えるのです。

これは、坐禅をする時と全く同じです。体を調え、呼吸を調え、心を調える——このコツを坐禅の時だけではなく、いつも忘れずにいることです。それが正念相続ということであり、生活の中に生かされた禅であるのです。称名もまたしかりです。

そのよき先例が、お釈迦さまの弟子、周利般特《しゅりはんどく》です。物覚えがわるく説法を聞いてもすぐ忘れる日々の中で、お釈迦さまに教えられた通り、ただ箒を持って「塵を払い、埃りを払う」と称えながら、一心に掃除三昧の日々を送っていたら、やがて覚りを開き、羅漢さんになったという。

ですから、私たちは何でも素直になって純粋な心で観音さまを念ずれば、感応霊験があるのです。

太平洋戦争中は苦しみの毎日でした。戦争中は、まだ私も子供でしたが、戦争の恐ろしさ、苦しさを体験しました。戦争が激しくなり、台湾の台南市にあった、父が住職をしていた達磨寺のあたりも空襲が激しくなって、母親と私は田舎へ疎開することになりました。当時、私は八歳ほどでした。

牛車に引かれて、荷物と私たち二人は昼間は危険なので、夕方から寺を出発しました。次第に夜もふけて、あたりは真っ暗ですが、遠くには赤々と火が燃えているのです。あれは何かと母に聞くと、「あれは製糖会社の砂糖が昼間の空襲で燃え続けているのだよ。恐ろしいね」と言いました。そんな戦争のおそろしさの会話をしたことが思い出されます。

そして、田舎の知人宅の畑のすみの小屋で二人は生活をはじめ、私はそこから山のふもとの小学校へ通いました。その間、空襲の訓練で防空壕に入ったり出たりしながら登校したものです。

ところがある日、そんな田舎にも米国の飛行機が飛んで来たのです。空襲サイレンが鳴って、私は母親と林の中に作られた防空壕に飛び込みました。空襲の恐ろしさが目前で起こったのです。飛行機の爆音が耳の鼓膜を破らんばかりに聞こえて身が震えました。

その時、実は私は無意識の中で、延命十句観音経を称えていたのです。ただ一心に称えていたのです。そして十五分ほどして飛行機は遠のいて、あたりは元の静かさに戻り、「ああ、助かったな」と思い母親と防空壕から出ました。

すると母親は開口一番、「こわかったね。助かってよかったね。秀南、おまえは偉かった。ただ一心に十句観音経を称えていたね。そのおかげで私も命びろいをした。観音さまありがとうございます」と。

そういえば、まだ五歳だった頃のある日、母が私にこのようなことを言ったことが思い出されました。

「秀南、これからは、こわいことがたびたび起こるよ。その時は必ず、延命十句観音経を一心に称えなさい。観音さまは、おまえを見捨てることはなさらないからね。そう信じて、こわい時は必ず、十句観音経を称えるのですよ」と。そう懇々と教えてくれたのです。そして二人で何かあった時には、よく延命十句観音経を称えたものです。母親の観音信仰の深く偉大なところです。

震災と因縁の理法

次の「南無仏」とは、私たち仏教徒の本師、釈迦牟尼如来に帰命することです。「南無」とは「帰命」すること。帰命とは、釈迦牟尼如来の教えに従い、身心ともに捧げることです。

この観音さまの有り難いこと、霊験有り難いことを教えてくださったのは、お釈迦さまです。しかも私たちが住んでいるこの世界に、意義深い存在の菩薩として示してくださったのです。観音さまはお釈迦さまの教化の補佐役として、わざわざ菩薩の姿に身を現わして、無量の衆生を済度してくださるのです。

この意味において、観音さまの御名を称えた後に、お釈迦さまの御名を称えて、そのご説法、因縁によって現在ここに命をいただいている自分があることを実感することが大切です。ここにお釈迦さまが説かれる因縁の法を、よく感じとらなければならないのです。

次に「与仏有因。与仏有縁。仏法僧縁（仏と因あり、仏と縁あり。仏法僧の縁ありて）」とありますが、そういうことです。

因と縁、つまり因縁とは、仏教では大変やかましい教えであるのです。この世界全てが因縁によって生じ、因縁によって滅していく。諸行無常であるのです。

ごく当たり前に受け取られているこの真理を、私たちは再認識しておきたいと思います。因とは原因であり、その種子となるものを指します。縁とは、助縁とも言って、種子を助けて生じせしめるものです。

たとえば、毎日私たちの食べている米の種は因であり、その種が大地や水や太陽光線の助けによって、はじめて芽を出し、さらに肥料、人間の手入れなどによって、成長し一粒の米となる。その一粒の米を多く集めて出荷し、車で運ばれて小売店に届けられ、それを購入し、米を研いで炊飯器で炊く。そこには電気やガスのエネルギーの力が加わり、美味しいご飯となって、私たちの食卓をにぎわすのです。

考えてみれば毎日毎食、ご飯をいただくことには、一粒の米の種という因が、無量の縁の支えの中で、はじめて私たちの自分の口の中に入るのです。これを因縁の法というならば、この因縁の法の有り難さに、私たちは感謝のまことを捧げて、ここに仏恩を感じ入るのでなければなりません。

「食事五観文」の最初にも、「一つには功の多少を計り、彼の来処を量る」とあります。

この食物がいま、この食膳に運ばれて来るまでに、大自然の因縁の中で、あらゆるものの結びつきと、多くの人々の労力と忍耐と創造と、大いなる神仏のご加護によるものであることを思い、感謝して食事をするのです。

つまり、因縁によってこの世界が動いている摩訶不思議の道理を、仏さまの霊妙な有り難さと私たちは信じて生活したいのです。

阪神大震災の時でした。京都も大きく揺れはしましたが、神戸からみれば被害は比べられない程度でした。翌日支度をして、翌々日リックサックの中に救援物資を入れて、早朝より神戸へ向かいました。

交通の便はどうにか阪急西宮までは通じており、満員電車で行きました。阪急西宮からは線路づたいにアメのように曲がったレールを見ながら、芦屋の信者さんの家まで歩いてお見舞いに行きました。その後、東から西へ因縁のあるお宅をお見舞いしながら神戸市内にたどり着き、神戸祥福寺へ到着したのは午後六時すぎ。太通老師にご挨拶して、亡くなった信者さん方に諷経《ふぎん》して、祥福寺の山門を出たのが七時頃でした。

あたりは真っ暗でした。漠然と昼間の状況のつもりでいたのが大変な間違いでした。電灯は消え暗闇の中、道といってもガレキの山の中を歩いて西宮へ向かうのですが、震災前の所要時間では全く見当もつかないほど、お先真っ暗でした。しかし、明朝に自坊の霊雲院で朝六時から坐禅会を予定していたので、なんとしても京都へ帰らなければと気持ちだけは焦っておりました。

車はたまにしか通らない。暗闇で、歩いても足元が悪くて進めない状態でした。ヒッチハイクを思い出して手を上げようとしましたが、車すら通らないのです。三十分ほど歩いて、やっと一台の車が来て止まってくれました。幸いに見ると自衛隊の車でした。西宮まで送ってくださいと頼みました。よろしいですよとの返事でしたが、私たちの車は五百メートル先で山手の方へ向かわなければなりませんとのこと。仕方なく途方に暮れつつ、それでも東へ東へと足もとの悪いガレキの中を注意深く歩き続けました。

この大寒の厳冬のもと、ガレキの中で一夜を震えて過ごさなければならないかと覚悟を決めましたが、一時間ほどして一台の乗用車が来て止まってくれました。三田方面の両親を見舞いに行っての帰りのご夫婦でした。奥さんが心やさしい方で、私たちのことを聞いてご主人に「送ってあげましょう」と。そのご夫婦の自宅は東灘の海岸寄りでした。ご主人は「いいですが、そのかわり自宅までですよ」とのご返事でした。ガレキの中をゆっくりと走って自宅まで着き、ここまでと車を降りて歩こうとした時、奥さんが「阪急西宮の駅まで送ってあげたら」と。するとご主人も了解してくださって、阪急西宮まで帰れました。

お礼を言って駅舎に入ると、その日の最終便の大阪行が出発するところでした。急いで飛び乗って十三駅まで来て、京都線に乗り換えるためホームへ行くと、これまたその日の最終の京都行が到着するところでした。すぐに乗り込んで、ほっとする間もなく西院駅からはタクシーで、午前二時前に霊雲院に着きました。おかげで、早朝の坐禅会もとどこおりなく開くことができました。

この一日の出来事をよくよく考えてみるに、全てが自分の意志では働かず、全てが因縁によって無事に帰れたということです。とくに真っ暗闇の中で、どうしようもなくなっていた時に現れた一台の乗用車と、乗っていたご主人と奥さんのお二人は、仏さま観音さまのお出ましではないかと感じられ、自然に合掌しました。

仏さま観音さまに導かれ、真っ暗闇のガレキの中から現れた一筋の光を頼りに、私たちは仏さまを信じ、観音さまを信じて、震災地神戸より京都に帰れたのです。

仏さま観音さまのご加護は現実にあることを実感しました。私たちは因縁という真理のままに生きることが、実は仏さま観音さまに護られていることであるということではないでしょうか。


先年アメリカで、この諸行無常、因縁の法を話し、「この大宇宙自体が、実は因縁によって生じ、因縁によって滅するのです。諸行無常で動いているのです。それを実証したのが二十世紀の天文学者ハッブルで、百三十四億年前に生まれたこの宇宙は、現在もまだ膨張していることを示しました。だからいつかは、この宇宙もなくなる時がくるのです」と言いました。

この話をした時、一人の男性が講演後に来て、「今日の話で大変びっくりした。この宇宙が動いているとは今まで聴いたことがなかった。天地創造の神さまがこの大宇宙を作られて以来、この大宇宙は永遠不滅なものと信じていた。この宇宙がなくなることがあるのですか」と驚いていました。

そこがキリスト教や他の宗教の説く、永遠絶対の世界ということでしょう。お釈迦さまのご在世時代も同様で、多くの宗教学説は全て、永遠絶対の神さまが創られたこの大宇宙の中での私たちの存在という認識でした。しかしお釈迦さまは、そうではないよ、と示されました。この大宇宙にあるものは、全て因縁の法のもとに動いている、と説かれたのです。

その因縁の法を、お釈迦さまは今から二千数百年前に説かれ、現代人はやっと二十世紀になって、それを実証したのです。

このように、全ての存在するものは因と縁とが寄り集まって生滅し、できあがっているのです。それが因縁の法です。お釈迦さまの妙なる教え、それこそが真理であり、ひいては観音さまの、身近に具体的に畏れをなくする教えを聞いて信心の生活ができるのも、この因縁によってであり、仏さまの因、仏さまの縁によって、さらには仏法僧との縁あってのことと、信心を深めていきたいものです。

そこを『延命十句観音経』は、「仏と因あり、仏と縁あり、仏法僧の縁ありて」と示されるのです。

常楽我浄のこころ

そうすれば、おのずから「常楽我浄となる」と。自分の本来持っている四徳が現れて、安心の境に至ると説かれます。

「常楽我浄」とは、涅槃の境地、つまり、貪りの心が永えに消え、怒りの心が永えに消え、愚かさの心が永えに消えた、そんな境地の四つの徳のことです。

まず「常」とは、常住、永遠であることの徳です。いったいなにが永遠か。凡夫は、この切れば血の出る肉体に迷って、いつまでも生きておれるものと思い込んで、死との境界線を作って生死一如になることができないでいるのです。

生きている人の人権の尊重は近年どこでも誰でもが言っていますが、死んだ人にも人権があるのだと思います。生きている人は尊いが、死んだら尊くなくなると、ついそう思いがちですが、お釈迦さまは全てに仏性があると説かれています。つまり、生死一如の世界を生きていることを、私たちは見失っているのです。亡くなった人も同様に尊いのです。亡くなった人は、いま残っている人たちの先輩であり先達です。なぜならば、死とはこのようなものだと、からだをもって残された人に教えてくださっているからです。

残された人は亡くなった人を尊び、対話をもっと深めてもらいたいと思います。そして永遠の法の中で、共々に生死一如を貫いていきたいものです。

「楽」とは、安楽に満つことの徳です。涅槃の境地は永遠であるがゆえに、常に安楽であり幸福であるのです。しかし、毎日の生活は苦しい、いやなところだと私たちは感じています。お釈迦さまは、「足ることを知りなさい」と示されました。凡夫である私たちは、いつも何かを求めて手に入らないと苦しんでいるのです。欲求不満です。これでは幸せは手に入りません。

これで満足だという満腹感が各人には大切なのです。お腹が一杯になれば一切の食べ物はいりません。そして眠くなります。しかし、お腹が空いていれば、心が落ち着かず、イライラするばかりです。

戦争中、私たちは米一粒すら口に入らなかった時代を過ごしました。お米が食べたいと、子供ながらにいつも思っていました。おかげで社会が安定し、現代はもはやグルメの時代です。お米の一粒の有り難さなど見向きもしない時代で、種々のご馳走がありますｰ。しかし、まだ満足せず、次から次へとご馳走を求めて食べ回ります。テレビ番組では一層この傾向が強く出され、私たちの欲望をさらに刺激してくれます。いったい、いつまで続くのでしょうか。

このように、もうこれでよいという満足感がない限り、人間は欲望を満たそうとするのです。ですから、お釈迦さまは「足ることを知りなさい」と示されました。足ることを知る人がこの世で一番幸せな人であるのです。

「我」とは大我の徳です。凡夫は、我見に執着して自分の財産を増やし、少しでも多くの物産を保持していこうとします。誰もが、生まれた時は無一物で裸で生まれ、また死ぬ時にはなにも持っていくことはできません。所有物は全くなしで死んでいくのに、なにゆえ、これは私のものだと我執にとらわれ、苦しむのでしょうか。私の地位、名誉にとらわれて、他人との争いの中で悩み苦しむのです。この我見を一度捨ててみることが大切ではないでしょうか。

中国の龐《ほう》居士は家庭にある物々全て、惜しげもなく川や湖に捨てて、無一物から出発したといいます。坐禅の世界では、この我見を徹底的に取り除く三昧に入ることを重要視しています。

つまり、大死一番です。「死に切れ、死に切れ」と言われるところです。そこから、大活現前することが要求されます。今ここで、生き返るのです。死に切ったままでは何の働きもない、生き返って、そこに心眼が開かれるのです。

心が大きく開かれるのです。今まで、「自分だ、自分だ」と勘違いしていたのに気がつくと、その心は実は、大きな大宇宙一杯に広がる、開かれた心であったのです。それを大我というのです。

開かれた心、これは、おおらかな心であり、柔軟な心であり、自分という殻を打ち

念
念不離心

破った、分け隔てのない自他一如の心であるのです。ここに至ってはじめて、人間の自由が見いだされ、何のとらわれもない心の弾みが出て、多くの創造を作り出すのです。

「浄」とは清浄の徳です。身も心も清浄であるという、自性清浄心のことです。凡夫は罪を重ねて、罪のために汚れてさらに汚れてゆくのです。この罪業深重の凡夫は永遠に救われないでしょう。ゆえに、懺悔して心を浄めていく、仏教徒の在り方が問われるのです。

しかし、大乗仏教の教えでは、つまるところ畢竟空であるので、自性清浄心が開かれれば、そこには何にもないので、罪障もなくカラッとした心境があるのみです。禅ではそこを「廓然無聖」と言います。

そこでは、般若心経のいう一切の顚倒妄想を遠離して、常楽我浄の四徳があらわれ、全てが解決するのです。

観音菩薩を念じて

そして、「朝念観世音。暮念観世音。念々従心起。念々不離心（朝に観世音を念じ、暮に観世音を念じ、念々心より起こり、念々心を離れず）」と。

ただ観音三昧になって一生懸命に観音さまを念ずるのです。朝、起きれば観世音を念じ、暮に観世音を念じ、終日、観世音を念じるのです。

そして観世音を念じたら、すぐ次の観世音を念ずる。観世音と観世音との間にスキを入れないように、渾身でもって観世音を念ずるのです。

そうすれば、観世音は自分自身を離れて遠いところにあるのではなく、自分自身がすなわち観世音菩薩であり、「念々心より起こり、念々心を離れず」、自分の本性すなわち自性清浄心が、観音さまと常に一体である暮らしができるのです。

このように観世音菩薩を一心に念じ称え、自身観世音の体験が私たちには大切であり、したがって、一切の畏れも苦しみもなく、寿命も長く命永らえて、福徳も自然に無量に得られるというのです。

観世音菩薩の霊験は、かつて昭和天皇が皇太子時代、大正十二年四月、台湾に行啓された途次、四大不調になられた。この時に嘉義大林の修徳院（当時の寺名）観世音菩薩を参拝、その後ご回復され、昭和天皇即位の時に、昭慶寺と寺名をたまわったと聞いていました。

このたび、令和元年八月二十三日、台湾各地を巡錫の折り、大林にある昭慶寺よりの招待で初めて訪問し、この観世音菩薩を恭しく拝し、般若心経を同行者七名とともに唱えて参拝しました。往年を懐古し観世音菩薩の霊験を有り難くいただいて帰ってきました。

百三十八億年前に誕生した宇宙、すなわち大法界、その宇宙の根源には本来名前などないのです。宇宙ということすらもなかったのです。男でもなく女でもなく、情もない、絶対平等の世界です。それに対して、私たちの生活する社会は、相対の世界、差別の世界です。男性があり女性があり、一人一人に名前がついている。

そこで人間の叡智でしょうか、信仰心からでしょうか、この平等な万物では味もない情もないので、お釈迦さまは観音さまという大慈悲心あふれた菩薩さまを生み出されました。万物の母である菩薩さまを生み出されたのです。

一切衆生の苦悩を救う菩薩さまです。それは、母親が子供のために心身全てを投げうって世話するという、その姿を理想化したものと言ってもいいでしょう。

さらにお釈迦さまは、すばらしい活躍を願い期待して、千手千眼観音菩薩さまを生み出されます。千の眼で観て、千の手で救ってゆく大力量の菩薩さまです。

中国唐代、兄道吾禅師と弟雲巌禅師は、血肉の兄弟で十三歳の年齢差があります。先に弟の雲巌禅師が出家し、兄の道吾禅師は老いた母親を介護し、その死を見とどけてから出家します。母親は若くして出家した雲巌禅師のことが心配で、毎日涙を流し、ついに失明しましたが、その思いは一層強くなったのです。

雲巌禅師は、亡き母を千手千眼観世音菩薩さまに託して、自分の親不孝を恥じながら、道吾禅師に質問するのです。「観音さまは、手が千本、眼が千個ありますが、そのようなたくさんの手や眼は、何に使うのでしょうか」と。

道吾禅師は答えて、「それは、夜中に枕から外れたら、手を頭にやって枕を探るようなものだ。ちゃんと枕が見つかるではないか。ちゃんと手に眼があるではないか。何の不自由もない。背中がかゆいと手を伸ばせば、かくことができよう」と。人間の自由自在の働きを、そのまま示した尊い教えです。

観音さまは、私たち凡夫が欲することを察知して、何でも直ぐに与えてくださる。そして、不満を取り除いてくださる。それは母親の愛情そのものであると言っていいのです。

先日、桜の頃、親子連れの人々と境内で出会いました。親子三人、あるいは四人、あるいは五人と、語り合い笑い合いながら歩いています。本当にほほえましい人々の姿です。そしてその中心は母親であり、それが観音さまです。一家を和やかに楽しく導いている母親の姿こそ、観音さまなのです。

私の母親は、毎夜、寝る前に、田舎の古びた寺の山門を閉めると、観音さまの前で『延命十句観音経』を称えて、「今日一日、お護りくださって有り難うございました。長生きできました。南無観世音菩薩」と、申しあげてから床に入っていました。この母親の観音信仰のおかげで、今日の自分があることを深く思い、観音さまに深謝しています。

Ⅲ

一華五葉を開く——先師無文老大師三十三回忌を迎えて

清風のごとく

昭和三十一年春彼岸、朝から快晴であった。午前十一時頃、私は山田無文老大師のもとに、幣師則竹玄敬和尚と連れだって初めて霊雲院にて相見を許された（以下、山田無文老大師について老師と記す）。老師は山積された本の中で白衣を召され、ニコニコと笑顔で私達を迎えてくださった。あとから名前を知ったのだが、棚橋雅子女史がすでに相見者としておられた。和尚は老師に、全くの未熟者だが弟子として入門の許可をお願いして、二人揃って低頭をすると、老師は心よく入門を許してくださった。

しかし、ここには大勢の学生がおるから、貴公を弟子として特別扱いはしないが、つとめてみるか。そして、得度式をしよう。貴公にはすでに三人の兄弟子がいるが、彼らはまだ得度式を挙行していないので、秋の十月十日、霊雲院両開祖忌に揃って行なうか、と喜んで話してくださった。その後退出して、和尚は自坊願成寺へ帰る際に、玄関先で「おまえは、ここ霊雲院の小僧だから、心してつとめよ」と一言残して、ふりむきもせず帰って行った。

全く右も左もわからず霊雲院での生活が始まった。副司として高田道隆師が学生全員の世話をしてくださっており、まずは先輩達の末席に坐って昼食をとり、部屋をあてがわれて、八畳の玄関部屋に五人の先輩達と同居することになった。翌日夕食後、老師がお呼びだとのことで、何か不始末でもしたかとおそるおそる伺うと、原稿用紙の束を渡されてこれを清書して来なさいと、新米の私にご下命された。私は大変喜んで部屋に持ち帰り、老師が下書きされた原稿を無我夢中で徹夜して写し、翌朝持参すると、老師が大喜びで「もう書いたか」と有り難い一言を頂戴した。この原稿は老師の書かれた峨翁老師遺薫であった。この時の老師の弟子に対する心温まる愛情を生涯忘れられない。

得度式は予定通り、その秋の十月十日両開祖忌の朝に行なわれた。新しく弟子となった私達は式の感動を味わうひまもなく、老師は「さあ行くぞ」と先頭きって龍安寺にある常照塔へ向かわれた。私達以上に意気揚々とされ、早や足で私達は老師のあとに続いた。風をきって飄爽と歩かれたお姿を忘れられない。

霊雲院では桃花会を、花園大学での提唱、その他、光沢会、無著会、達磨会、一灯園など、法話を京都市内でなされ、夕方になると急いで頭陀袋をかけて神戸へ帰り、雲水への参禅を聞かれた。早朝、僧堂での行事を全て終えて大阪まで満員電車にゆられ、京都まで通い、学生達は花園駅へお出迎えをし、そのまま大学の学長室に入られた。毎週月曜日の一講時は、全学生に向けての碧巌録の提唱であった。寺の生活は高校生までつとめてはいたものの、専門の禅の提唱を生まれて初めて拝聴し、禅の偉大さに驚き、一回一回、一言一句聞きもらすことなく心した。聴講で大いに感動し、日々の楽しさを実感したのである。

峨翁老師遺薫の出版とあいまって、その秋、峨翁老師の斎会が天龍寺であり、私は加担を命ぜられ数名で参詣できた。導師は関牧翁管長であったが、老師は何処に出頭しておられるかと思っていると、大衆の最後に麻の袈裟を着けて黙々と行道しておられた、清風の如きお姿もまた忘れられない。

年を数えるにしたがって、老師のお世話をする学生の隠侍の役が廻って来た。ある日、一年先輩と一緒に老師が一日の仕事を終えて神戸へ帰られる時になって、妙心寺北門のバス停までお送りするため、霊雲院の門を出て十メートルほど歩いたところで、老師は私達に「今日は京都（老師は京極付近のことを京都と常々いわれていた）へ行くかな」といわれた。二人は驚いて、すりへった汚い下駄をはいているので、老師に失礼になってはいけないと「下駄をはきかえて来ます」と申し上げたら、老師は笑って「貴公らの汚い足元を誰も見ないよ」とのお言葉であった。

そういえばそうだと二人お供して京極へ行くと、特別にご馳走してやろうとのことで河道屋に入り、そばのご馳走になった。老師はゆっくり召し上がり、二人は緊張し

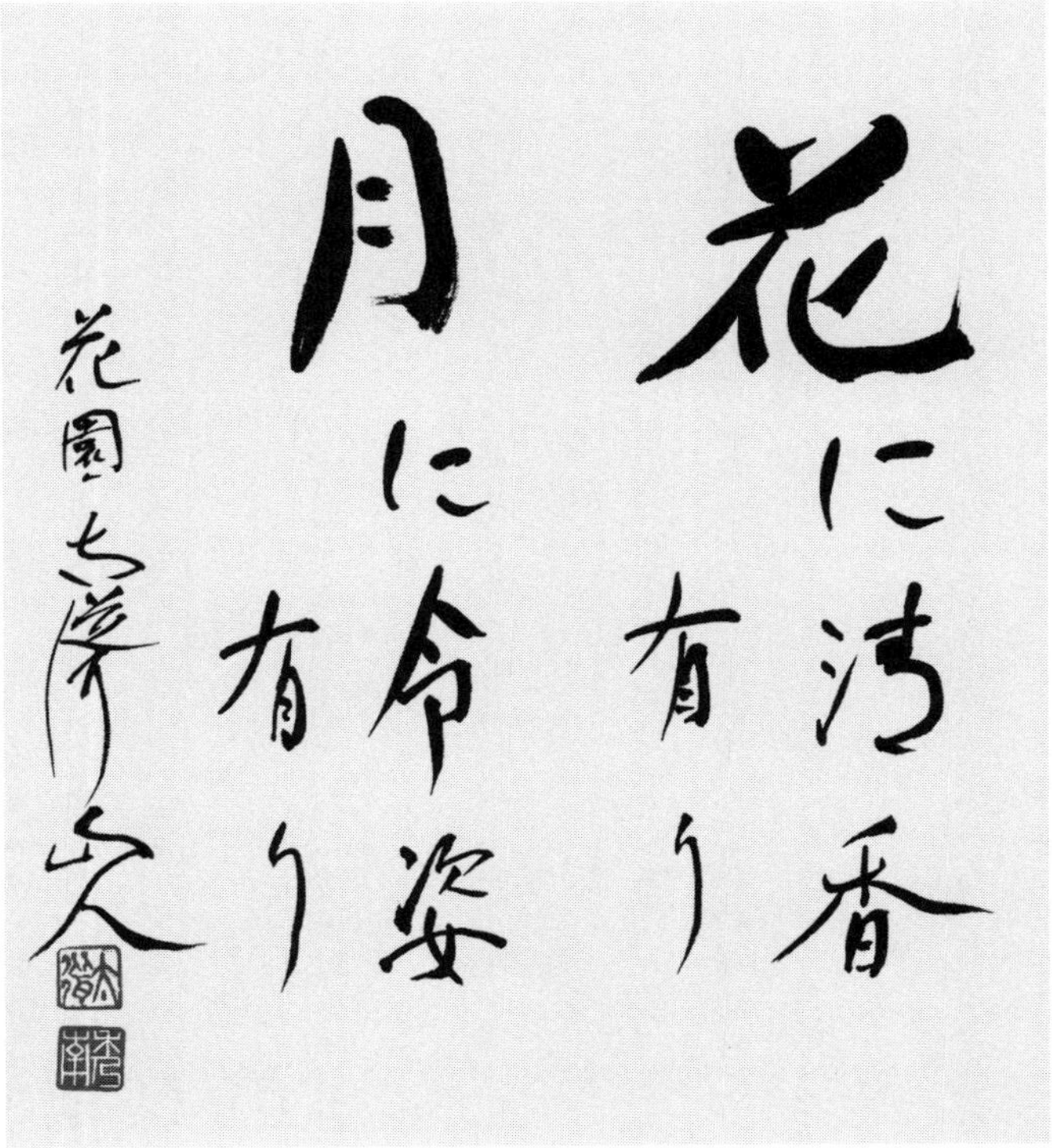
花に清香有り
月に令姿有り

て早く食べ終えていると、もう一杯どうかと勧められ、二杯目も食べおえていると、老師がそば湯を私達にすすめてくださった。田舎者の二人は、そば湯が何であるかも当時は知らず恥をかいたものである。二人の姿を見て、老師はただニコニコとお笑いになった。

妙心寺開山関山慧玄禅師の家風を大切になされた老師は、清貧枯淡な日常であられたことはいうまでもない。冬に来客があると、夕食時には学生の私達に「うずみ豆腐」を作って来なさいとよくいわれた。私達ははりきって、うずみ豆腐を作ったものである。

うずみ豆腐とは、元来、禅宗は粗末な料理で、来客に人参、松茸、里芋、豆腐などを上品に料理するとその端切れがどうしても残る。その端切れに、残っただし汁を入れて味をととのえて、くずでかためたものを椀に入れて、その上に白飯をのせるだけの料理である。

しかし冬の寒い時、この暖かいうずみ豆腐は体がぬくもり、心から美味しく感ずる絶品である。老師はこれを来客に差し上げて、来客の方々は大変喜んでご馳走になりました、と帰って行かれた。学生もまた、お客が喜んで帰り老師も喜んでおられる姿をみて、がんばって料理したものである。常日頃、老師は麦飯に一汁一菜の学生の作る料理を美味しく召し上がっておられた。

開山様の六百年の遠諱が近づくと、妙心寺派の道場の老師方が歴住開堂式を挙行され、学生はその加担に交代で本山に出向した。ある日、その開堂式に出られるため、老師は神戸より帰られて法衣を着ながら、私に尋ねられた。「貴公は今回は何をしているのか」と。私は「小助役をしております」と答えた。小助役とは小間使いのような役で、例えば導師が座具を敷くその下に拝敷が必要なので、その拝敷をもっていくような役である。老師はすかさず「貴公はいつまでも拝敷を持って行って広げていないで、須弥壇上に早く上らないといかん。その時はわしが下から拝をしてやるよ」と、慈悲深いお言葉を頂戴し有り難くて恐縮し、この言葉を心の奥深くに秘めて僧堂に掛搭した。

僧堂生活は苦しいながらも楽しく、十年はすぐに過ぎた。老師の接化はきびしく有り難い思い出が多い。特に浴頭（風呂担当）で、湯加減を聞きながら外で待っていると、浴室内から老師の独り言が聞こえる。聞くともなく聞いていると、いま自分が持ち拈提している公案を老師ご自身が拈提しておられたのである。ハッと気づいて汗顔の至りであった。老師の慈愛がいかばかりか有り難くて、一心にその公案を拈提したものである。

海外伝道の旅

入門の時、特別扱いはしないよといわれた通り、学生生活でも僧堂生活でも特別扱いはされず平等に扱ってくださったが、僧堂生活も十三、四年頃になってから海外への伴僧が多くなった。昭和四十七年、老師はアメリカ、メキシコ、アルゼンチン、ブラジルを巡錫され、信者二名と共に伴僧したのが、海外への第一歩であり、夢のような二十日間であった。

サンフランシスコ禅センターにベーカー老師の招待で三回の講演とグリーンガルチとタサハラを訪問、引き続き、ロスアンゼルス承周老師を臨済寺に訪問、開所して間もないマウント・バルディー禅センターを雪の中の足もとの悪いところ案内をうけた。さらにメキシコに高田慧穣師を訪ねて、海外での布教の苦労をねぎらい、山中の先住民《インディオ》の人々と親しく語られ、茶の種を渡され、山中雄々たる馬上の人となられた。

足をさらにのばされてアルゼンチンへ。美しい草原を眺められて「草が青く広いなあ。ここはいったい何処じゃ」と尋ねられ、「日本の正反対の地です」と申し上げたら、「よくも、ここまで来たな」と感慨無量であられた。その後、サンパウロへ向かい、花園大学の卒業生の両親が迎えてくださって市内で講演会を数回、そしてその後、ブラジル、ペルー、アルゼンチンの三国にまたがるイグアスの滝を見学に出向する。あまりの大きさに驚いて、老師はカッパを着て滝つぼまで歩いて下って滝を見上げること三十分、滝の雄大さを堪能された。

翌日、サンパウロへ帰るため飛行場に行くと、天候悪く欠航となる。仕方なく三人は揃って「老師ホテルへ引き返しましょう」と申し上げると、老師は「いやいや、せっかくここまで来たのだ。もう一度、見学して帰ろう」とのお言葉に、老師の時間と場所を大切になさる一期一会のお気持を有り難く頂戴した。

老師は昭和四十四年、社団法人南太平洋友好協会を設立、会長として日本で最初の私的なニューギニアへの慰霊行を皮切りに、昭和五十七年まで毎年南方各国への慰霊行を重ね、その数は四十回にも及び、その間、伴僧を十数回させていただき、昭和五十七年春のサイパン島慰霊のお伴で最後となった。

昭和四十九年、十数名の僧侶と共にフランス、スイス、イタリア各地を歴訪され、とくにスイスのレマン湖ではその美しさに感嘆され、ユングフラフヨッホでは山中、雪の上での一服の茶を召し上がられた笑顔は忘れられない。高地を独力で登られた後でのことで、美味しいお茶で心身共に安らかになられた。フランスとイタリアでは、坐禅の指導をなさって禅の本分を少しでも分かってもらおうとされた老師の意がそこにあった。

昭和五十三年、妙心寺派管長にご就任後は国内外で多忙な日々となる。花園会総裁としてハワイ会員五百名の花園会結成に参加され、導師をつとめられた。その年十月には、世界仏教徒会議に全日本仏教会副会長として出席。引き続き、代表者二百名を妙心寺に招いて妙心寺大会を開かれた。前後するが、昭和五十二年、仏教伝道協会より仏教伝道文化賞を受けられる。授賞式には多忙で出席できず、後に天台宗の葉上照澄長老がその賞状を持参し、「加えて副賞がこのようにありますが、老師、この副賞をインド日本寺へそのまま寄付してください」とお願いされた。老師は封も開けず、「それはよい」といわれて長老に渡されたのである。無欲な老師のお心そのものであった。昭和五十三年、日本寺建立五周年記念法要の国際成道会の導師として招かれ、日本から多くの会員が参集し、老師はカゴに乗ってお練りをなさった。

昭和五十六年には、タイ、カンボジア国境にワット妙心の建立の実現となり、その起工式に炎天下法要が行われ、導師をつとめられた。その後、この暑さでは木々を必要とすると申され、直ちに自ら植林された。現在その植林した木々が大いに茂って人々の憩いの場となっている。その後、カンボジア難民キャンプを慰問し、日本より持参した支援物資を渡し、バンコックに戻り、タイ仏教会の重鎮と会談された。

戦前中国へ訪問された老師は、戦後昭和三十二年、中国仏教協会の招待で初めて訪中され、その歌集『北京の秋』には、祖師への報恩と戦争への懺悔の気持が歌われている。その後、宗祖臨済禅師一千一百年遠諱記念の時には、団長として臨黄協会各派の代表二十数名と共に臨済塔を拝塔。昭和五十五年、日中友好臨黄協会第一次代表訪中団の団長として、嵩山少林寺、臨済寺など約二週間にわたって各祖塔を拝塔する。その間、中国仏教協会趙樸初会長の懇ろなご接待をうけ、北京はもちろん各地各寺で僧侶信者の方々の熱烈歓迎のうちに上海からの帰国となった。趙樸初会長は北京駅頭で老師に、「これより地方へ廻られるが、各地に手抜かりなくご接待するよう指示しているので、安心して巡錫してください」と。老師は「お世話になります。有り難う。お元気で」といって車中の人となった。会長は列車が見えなくなるまでホームで手を振っていた。

老師は仏教だけでなくキリスト教との深い関係を持っておられた。昭和五十四年、第一回東西霊性交流の団長としてローマを訪問し、ローマ教皇と会見された。通訳を介しての会話の中で互いに心と心との通じ合い、世界の平和実現に向けた努力をしましょうと、和やかな中での一刻であった。その後、記念に老師の染筆の絵馬を贈呈したが、二十数年後にローマ教会を訪れた時、その絵馬が室内に飾られてあって大変感銘をうけた。

老師はローマ教皇に会う以前に、ドイツのマリアラッハ修道院で正味三日間にわたる修道院生活をされた。早朝からのミサ、とくに講義の依頼も受けて、三度の食事も修道士と共にされた。困ったのは食事で、修道院内は精進でないことであった。老師はパンがあれば充分だと申されて、パンと牛乳のみで三日間を過ごされた。老師のお伴として朝のお勤めに出て、二人で教会内の修道士達と一緒に勤行をした。二日目の朝であった。讃美歌が終わったあと、私に「あの讃美歌、どう思う」と問いかけられた。私はあまりにも突然であったので返事が出来ず黙っていると、老師は「淋しい、悲しい思いがするなあ」と一言あっただけで二人黙して立っていた。修道士と共に生活した修道院生活は私にとってすばらしい体験であった。

老師の海外への禅の普及の意欲は大きなものであった。外国の修行者を迎え入れ、若き雲水が困ると、自分が世話するから隠寮に連れて来なさいともいわれ、積極的に外国の修行者の身になっておられた。

昭和五十一年、千葉鹿野山禅青少年研修所の初代総裁となられる。東京タワー前田久吉翁の願いが老師のお心と合致して、マザー牧場の山林の中に見事な研修所が完成したのである。老師の厳命で、開所するから若い人々に禅の指導をするようにとのことで、ただ一人完成した研修所で坐っていたことが、つい昨日のことのように思われる。老師は海外からの修行者をこの研修所に全部集めて、禅の普及がしたいとの願いであった。それはまた外国の要人方が老師を表敬訪問し、禅の教えを体験して帰りたいという要望に応えるためでもあった。

昭和五十七年、フランスのミッテラン大統領が来山。かつて後奈良天皇が創建、開祖円満本光国師に聞法し修禅された、霊雲院御幸の間にて、老師は大統領の要望に応じて坐禅の仕方を説き、室内にて三十分ほど坐禅をし、その後、楽しく歓談、茶を飲んで気持ちよく下山された。老師は方丈の縁先まで見送って別れを惜しんでおられた。

その後、新任の駐日フランス大使が着任早々、ミッテラン大統領から必ず霊雲院へ行って坐禅するようにとのことで来られたが、老師はすでにご遷化であられた。

仏性の現前——黙の一期

明治三十三年、稲武に生をうけられ、結核の病に倒れられてビワの葉治療で回復した。禅僧として永年のご修行後、昭和二十四年、霊雲院の住職、花園大学学長に就任、さらに昭和二十八年、祥福寺僧堂の師家となられて、多くの信者さん達、そして布教は国内外にわたり、若き学生達、若き雲水達への接化と、七面八臂の大自在な大活躍をされて、昭和五十七年、妙心寺派管長を退任、霊雲院で命ある限りの布教伝道を続けられた。

昭和四十六年には勲二等の叙勲の内示の時、「自分はお釈迦様から勲章をいただいているので、いらない」と申されて辞退。ただただ正法一筋に生涯を貫かれた老師のお心である。

青年時代の闘病生活で、因縁の中に生きる人間の在り方とそれに打ち勝つ忍耐力を身につけられた。因縁の大切さを説き、因縁が熟することを常に待っておられた。達磨大師の「一華五葉を開き、結果自然に成る」のお言葉である。現代人はとかく結果を早く求めたがる。ここには大いなる危険が伴う。自然に作《な》るものはすばらしく、作《つく》るものは破滅の原因ともなる。作り過ぎた現代の科学文明は一度大火災の罪を受けるであろう。現に地球温暖化で熱い地球になりつつある。熟れた果物は、自然に地に落ちて根にかえり新しい生命の種となる。天地自然の恵みである。この恵みに感謝する心を説いて、老師はおかげさまの心を、「父さん母さんのおかげです」と「おかげさまのれん」に書いて、広く人々に語りかけられた。

「桃栗三年、柿八年、梅はスイスイ十三年」、この言葉が天地自然の恵みの中に生きる人にとって味をもってくるのは、半生の時が必要となる。五十にして天命を知り、時節因縁が理解される。老師はこの時節因縁の中に生きられ、耐え抜いて耐え抜かれた。


涅槃経に「仏性の義を識らんと欲せば、当さに時節因縁を観ずべし。時節もし到れば、仏性現前す」とある。自然に仏性が現前するところに正法があり、衆生済度の偉大な法力も出てくるのである。

「円かなること太虚の如く、余ることなく欠けることと無し」。信心銘の言葉と円相を描き、鏡のたとえをもって、清らかな心、仏心を縦横無尽に説かれた。すべてが虚仮のこの世で、ただ仏の教えのみ真実である。それは「平常心是道」で、当たり前のごく自然な心である。美しい空、きれいな水、さわやかな風、冷たい雨、輝く太陽、朝晩の何でもない挨拶、空気のあること。老師は、この当たり前に息をして空気のあることに、病中にハッと気づかれた。その時の道語がこの歌である。

おおいなる　ものにいだかれあることを　けさふくかぜの　すずしさにしる

元気が戻ったのである。仏性が現前したのである。当たり前のことが分かったのである。平凡なことほど有り難い。「平」のつく言葉は心が落ちつき、昔から人間が求めていたものである。長い長い歴史をへて、多くの人々の犠牲の上にはじめて得たものが平和である。老師は平和のため、口で説き行動をもって示されたのである。世界平和のため、平常心是道の大道を歩まれた。小さな足で菩提心という草鞋をはいて人々と共に歩かれ、全身心を捧げられた。それは中国の雲門和尚の「東山水上行」の如くである。大山が川の上を動く姿である。京都ならば季節はまさに若葉茂る初夏に、東山が加茂川をさかのぼって歩いていく。そこに生きた仏、老師の姿を私達は拝ませていただく。

「よくみれば　なずな花さく　垣根かな」。この芭蕉の句を引いて、全宇宙に道は満ち満ちていると説かれた。なずなは春の七草の一つであるが、何の見ばえもしないただの草である。それが芭蕉の目にとまったのである。この芭蕉に比する以上に、老師は繊細な感覚の持ち主であられた。ふと見ると垣根の根もとに、なずなの花が笑って咲いていた。かすかな匂いすら聞こえる。大きな驚きであった。驚きが大きい禅道は大きく、人間性もまた常に新鮮である。

わが心　月にいだかれ月をだき　秋はそぞろに　冴えわたるかも

浜名湖畔、金龍寺での歌である。月とわが心と一体となって月を眺めている自分、いのちある自分の尊さに気づかれた。大きな驚きである。澄んだ空、さわやかな風の吹く実りの秋も、次第に日が短くなり冬となる。次第に南に移る太陽の光が、毎日畳の目ひと筋ずつ、部屋の奥まで差しこんでくる。夜が長くなり深みゆく秋の気配は読書の秋である。老師の洗練された心は、日本の四季の移り変わりを常に見守っていた。それが「わび」「さび」といわれる日本人の精神である。

たたずむに　なお日影《ひかげ》あり　嵯峨の冬

老師の著書『心に花を』の中の一句である。「ふとそんな句を詠んだ日もある。猫の仔一匹通らない冬枯れの嵐山のたたずまいに、じっとたたずんで見入っている、これも枯れ木のような老僧の姿を想像してもらいたい。そこにもなお寂《しず》かな冬の日ざしは、やわらかい光をさしのべてくれているのである」と。

奥深い老師の心境、「わび」「さび」を感じられて、なおその根底にあるのは心の原点、黙の一字である。説法三昧の日々の中で、やはり老師の真骨頂は黙であった。

永遠の行脚

「人生は朝露のごとし」とは中国の典籍の言葉であり、金剛経には「一切の有為の法は夢、幻、泡、影のごとく、露のごとく、また電のごとし」とある。縁によって生じたものは縁によって滅してゆく。この道理に、老師はとらわれることなく順応される時が来た。

ご遷化一年前頃から郷里の稲武《いなぶ》への訪問となった。実家で実弟の山田久次郎氏と楽しく、また懐かしく五平餅を召し上がり、山中静かに建つ先祖の墓参りと瑞龍寺を参拝された。かつて歩いて足助まで我が家を出発し上京されたことなど、思い出は尽きなかったであろうと想像する。

その後、天龍寺へ青峨室老師への拝塔、本山開山様への報恩の拝塔をすまされた。そこで老師に、ぜひとも足跡を残していただきたいとお願いした。叱られることを覚悟で申し上げると、心よく「よい」とのご返事で、朱墨にて足跡を拝受した。

昭和六十三年、夏頃より徐々に体力が弱くなられたが、十月十日の両開祖忌、毎歳忌も無事円成した。十二月に入って、食欲が次第に少なくなりはじめた。老師は祖師の忌日を大切にされた方であったので、十日の両開祖忌、十二日の本山開山忌と、注意深く侍りながら無事過ごした。

遺偈
為人済度　末後何をか言わん　無文無相　乾坤に抛擲す
喝

大空の清紙に揮毫された。足跡とこの遺偈は霊雲裡奥深く、大切に保存してある。次は二十四日の本光国師忌と、ご容態を案じていた。好物のメロンは二十二日頃までは召し上がり、ビワの葉も胸に当てられて自ら治療された。二十三日は全く食欲なく無言の一日であった。その夜おそく祥福寺河野太通老師が来訪され、投宿。二十四日朝、ご容態が悪くなり、太通老師と二人で寝室にて四弘誓願を唱えるなか、呼吸が次第次第に弱くなり、最後に口を開けあくびをされて息を引きとられた。朝の五時すぎであった。正式には医師の診断にて、午前七時三分ご遷化である。

湯灌の時、足を拭かせていただく。二十三センチのこの足で世界中を歩かれた。八十八年間の長い長い旅であられた。老師にとっては、足を洗う暇さえなかった。やっと足の埃を落とすことが出来た。口を開けてあくびをされて「やれやれ疲れたわい」と申され、いま足を洗って、さらに菩提心の草鞋を履かれて、再度、永遠の行脚に出発である。

それから三十三年が過ぎた。いま何処を行脚しておられるかと思うのである。宗祖臨済禅師に、古仏趙州和尚が「如何なるかこれ祖師西来の意」とたずねると、臨済禅師は「いま、わしは足を洗っているところだよ」と答える。老師もまた行脚から三十三年目に暫時、霊雲院に帰ってこられて、「いま、わしは足を洗っているところだよ。疲れたな」とのお言葉である。

瞻仰通仙洞裡翁　拈鎚竪拂現真空
秋風頼有松琴和　三十三年瞬目中
定中昭鑑

秀南九拝

山田無文老師、レマン湖畔シオン城内にて

南米イグアスの滝の前で（中央、無文老師。向かって右隣、筆者）

馬上の無文老師、メキシコ・アヤウトラ山中にて

あとがき

台湾は私の生まれ故郷である。今年も高雄光徳寺浄心長老のご招待で、供仏供僧法要（盂蘭盆会）に随喜した。

その間、阿里山でご来光を拝む予定であったが、台風の接近で中止となった。山また山の間をバスにて標高約二千六百メートルにあるホテルに到着。翌朝、大木の檜林を散策した。高さ四十六メートル、樹齢二千五百年の神木を拝み、見上げてはその堂々たる偉大さに感動した。神木をはじめ数々の大木は不平不満を言うこともなく、黙々と、一日、一年、十年、百年、千年、二千五百年と生き抜いてきたのである。

日本の森林もまた樹齢を重ね、はるか悠久の昔から、私たちの祖先は森で生まれ、森で育ち、森の中を歩いて、食べ物を探し、木の実、木の葉を食べ、命をつないできた。さらに木を枕に、木の葉を大地に敷いて、森の空気を胸一杯に吸い、霊気を授かって、毎日、力強く生活していた。この生活の原点を今一度、観察し、未来に向かって迫力ある充実した思いやりのある生活をしたいものである。

この高い山中に慈雲寺があり、二十余名の僧俗が一心に金剛経を唱えて、清らかな声が静寂な森林に木魚の音とともに響いていた。金剛経には「一切の有為の法は、夢幻泡影の如く、露の如く、また電の如し」とある。私たちの日々の生活、人生は夢幻泡影のように、はかなくうつろうものであると正しく受けとめ、諸行無常の真理を正見していきたいのである。本書が読者にとって、なにがしかの力ともなるならば幸いである。

最後に本書の刊行に際し、春秋社の神田明社長、亡き澤畑吉和前社長、そして編集に尽力された佐藤清靖編集取締役ほかの皆さまに御礼申し上げる。山田無文老大師の三十三回忌のよき記念ともなりました。

合掌

令和元年清秋

花園霊雲　雲臥軒にて

太従耳山人　秀南　記

則竹秀南（のりたけ　しゅうなん）
1937年（昭和12年）、台南市に生まれる
1960年（昭和35年）、花園大学卒業
神戸祥福僧堂掛錫
山田無文老師の指導を受ける
1985年（昭和60年）、京都妙心寺山内霊雲院住職（現任）
2017年（平成29年）、沖縄・石垣市　達磨寺兼務住職

禅的生活のすすめ
二〇一九年一〇月二十四日　第一刷発行
著　者　則竹秀南
発行者　神田　明
発行所　株式会社　春秋社
東京都千代田区外神田二―一八―六（〒一〇一―〇〇二一）
電話〇三―三二五五―九六一一　振替〇〇一八〇―六―二四八六一
http://www.shunjusha.co.jp/
印刷所　萩原印刷株式会社
装　丁　本田　進
定価はカバー等に表示してあります
 ISBN978-4-393-14435-0